金陵全書

乙編·史料類

順治江南賦役全書

［溧水縣·高淳縣·句容縣·溧陽縣］

（清）户部 編

南京出版社
南京出版傳媒集團

圖書在版編目（CIP）數據

順治江南賦役全書. 溧水縣・高淳縣・句容縣・溧陽縣 / 户部編. -- 南京：南京出版社，2024.8

（金陵全書）

ISBN 978-7-5533-4766-0

Ⅰ. ①順… Ⅱ. ①户… Ⅲ. ①賦税制度－史料－華東地區－清代 Ⅳ. ①F812.949

中國國家版本館CIP數據核字（2024）第088693號

書　名　**【金陵全書】**（乙編・史料類）
　　　　順治江南賦役全書［溧水縣・高淳縣・句容縣・溧陽縣］
作　者　（清）户　部
出版發行　南京出版傳媒集團
　　　　南　京　出　版　社
　　　　社址：南京市太平門街53號　　郵編：210016
　　　　網址：http://www.njcbs.cn　　電子信箱：njcbs1988@163.com
　　　　聯繫電話：025-83283893、83283864（營銷）　025-83112257（編務）

出 版 人　項曉寧
出 品 人　盧海鳴
責任編輯　程　瑶
裝幀設計　楊曉崗
責任印製　楊福彬

製　版　南京新華豐製版有限公司
印　刷　南京凱德印刷有限公司
開　本　889毫米×1194毫米　1/16
印　張　31
版　次　2024年8月第1版
印　次　2024年8月第1次印刷
書　號　ISBN 978-7-5533-4766-0
定　價　800.00元

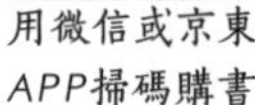

溧水縣

一縣田畝大總

原額田地山塘溝壩壹萬伍百柒拾玖頃捌拾壹畝陸釐肆毫內

徵田伍千伍百捌拾捌頃伍拾陸畝陸分叁釐陸毫肆絲每畝起派本色南糧孤貧米陸合貳抄陸撮玖圭肆粟伍粒肆顆柒黍共徵米叁千叁百陸拾捌石壹斗玖升捌合肆勺柒抄貳撮陸圭捌粟伍粒壹黍每畝起派稅糧條鞭并玖釐地畝銀

釐陸毫貳忽柒微玖纖叁沙玖塵陸渺壹

共徵銀肆萬貳千貳百伍拾壹兩壹錢貳分肆

毫捌忽柒微柒纖伍沙貳塵貳渺叁漠

荒田壹百玖拾肆頃貳拾肆畝肆分叁釐每畝起派

荒白銀壹分伍釐玖毫柒絲共徵荒白銀叁百壹

拾兩貳錢捌釐壹毫肆絲柒忽壹微

廢田肆拾捌頃貳拾玖畝捌分叁釐捌毫每畝起派

荒白銀伍釐叁毫叁絲共徵荒白銀貳拾伍兩柒

錢肆分叁釐叁絲陸忽伍微肆纖

湖灘草塲田壹拾陸頃肆拾柒畝肆分陸釐伍毫每畝起派荒白銀叁釐貳毫共徵荒白銀伍兩貳錢柒分壹釐捌毫捌絲捌忽

徵地壹千肆百捌拾柒頃肆拾捌畝陸分肆釐玖毫陸絲每畝起派本色南糧孤貧米壹合玖勺伍抄肆撮陸圭伍粟貳粒貳顆玖黍共徵米貳百玖拾石柒斗伍升壹合捌勺捌抄捌撮肆圭柒粒捌顆八黍每畝起派稅糧條鞭并玖釐地畝銀貳分肆釐伍毫壹絲捌忽叁微肆纖肆沙貳塵陸渺玖漠

共徵銀叁千陸百肆拾柒兩柒分陸毫肆微伍纖
壹沙貳塵陸渺肆漠
荒地伍拾捌頃壹拾捌畝陸釐叁毫每畝起派本色
南糧孤貧米玖勺柒抄柒撮叁圭貳粟陸粒壹顆
肆黍共徵米伍石陸斗捌升陸合壹勺肆抄伍撮
柒粟玖粒捌顆玖黍每畝起派稅糧條鞭并玖釐
地畝銀壹分貳釐貳毫伍絲玖忽壹微柒纖貳沙
壹塵叁渺肆漠共徵銀柒拾壹兩叁錢貳分肆釐
陸毫叁絲伍忽捌微陸沙伍塵伍渺柒漠

山塘叁千壹百伍拾頃柒拾壹畝伍分貳釐捌毫每
畝起派本色南糧孤貧米伍勺肆抄肆撮肆圭伍
粟捌粒伍顆玖黍共徵米壹百柒拾壹石伍斗肆
升叁合肆勺肆圭叁粟柒粒捌顆捌黍每畝起派
稅糧條鞭并玖釐地畝銀陸釐捌毫貳絲玖忽肆
微陸纖壹沙捌塵貳渺捌漠共徵銀貳千壹百伍
拾壹兩柒錢陸分捌釐玖毫柒絲叁忽肆微壹纖
陸沙柒塵柒渺陸漠
叁拾伍頃捌拾肆畝肆分伍釐肆毫每畝起派

色南糧孤貧米貳勺柒抄貳撮貳圭貳粟玖粒
叁顆共徵米玖斗柒升伍合柒勺玖抄叁撮叁圭
捌粟捌粒伍顆叁黍每畝起派稅糧條鞭幷玖釐
地畝銀叁釐肆毫壹絲肆忽柒微叁纖玖塵壹渺
肆漠共徵銀壹拾貳兩貳錢叁分玖釐玖毫肆絲
伍忽捌微捌纖貳沙柒塵陸渺貳漠

以上本縣田地山塘溝壩各科則不等照起存錢糧
實數驗派共徵稅糧條鞭荒白幷玖釐地畝銀肆
萬捌千肆百柒拾肆兩柒錢肆分柒厘陸毫叁絲伍忽

玖微柒纖貳沙伍塵捌渺貳漠內除優免鄉紳舉貢生員吏承等戶銀捌拾肆兩玖錢壹分壹釐捌毫壹絲捌忽叁微壹纖捌沙肆塵叁渺捌漠照得優免一項案准部文不免起解各部正供止免存縣雜辦差徭錢糧但紳衿雜職間有陞遷事故逐一增減不一今照見在確數開載如有消長該縣預詳院司於每年派糧易知由单內再爲增減報部查考續於順治拾伍年肆月內准部議停免改解戶部充餉

實徵稅糧條鞭并玖釐地畝銀肆萬捌千叁百捌拾玖兩捌錢叁分伍釐捌毫壹絲柒忽陸微伍纖肆沙壹塵肆渺肆漠

實徵南糧并孤貧本色米豆叁千捌百叁捌柒石壹斗伍升伍合柒勺

一縣人丁大總

原額人丁壹萬玖千陸百伍丁伍分於順治伍年審增人丁貳百肆拾伍丁伍分原額審增共人丁壹萬玖千捌百伍拾壹丁每丁一例派徵銀貳錢共徵銀叁千玖百柒拾兩貳錢內除鄉紳舉貢生員吏承等戶優免人丁伍百玖拾柒丁共免銀壹百壹拾玖兩肆錢於順治拾伍年肆月內准部文止免鄉紳舉貢生員本身一丁餘丁

并吏承不免外實免銀陸拾壹兩餘
丁銀伍拾捌兩肆錢改解戶部充餉

實在當差人丁壹萬玖千貳百伍拾肆丁共徵銀叁
千捌百伍拾兩捌錢

一縣田地人丁大總

丁田共實徵夏稅秋糧地畝條鞭折色銀伍萬貳千
貳百肆拾兩陸錢叁分伍釐捌毫壹絲柒忽陸
微伍纖肆沙壹塵肆渺肆漠

夏稅銀伍百柒拾柒兩貳錢柒分貳釐叁毫伍絲捌忽柒微伍纖內本色銀貳百壹拾捌兩捌錢貳分壹釐玖毫陸絲伍忽折色銀叁百伍拾捌兩肆錢伍分叁毫玖絲叁忽柒微伍纖

秋糧銀伍萬壹千陸百陸拾叁兩叁錢陸分叁釐肆毫伍絲捌忽玖微肆沙壹塵肆渺肆漠

戶部本折銀貳萬叁千玖百貳拾壹兩貳錢陸分伍釐玖毫捌絲玖忽肆微肆纖玖沙陸塵捌渺

禮部折色銀肆百貳拾玖兩捌錢貳分貳釐伍毫

兵部折色銀肆千伍百肆拾兩壹分壹釐捌毫捌絲

工部折色銀貳千捌百兩柒錢玖分叁釐

鋪墊銀貳拾玖兩肆錢叁分伍毫

四部本折綱司水脚解費銀壹千零伍拾壹兩伍錢

玖分玖釐柒毫玖忽捌微叁纖叁沙肆塵玖渺壹

漠

輕齎等銀貳千肆百玖拾陸兩玖錢伍分捌釐貳毫

貳忽肆微

本色蓆木板片等銀叁拾貳兩貳錢柒分柒釐肆毫

捌絲

改解南省折色并本色米豆綱司水脚門籌等銀壹千玖百肆拾柒兩陸釐玖毫柒絲捌忽伍纖陸沙

驛站銀叁千伍百叁拾壹兩壹錢肆分肆釐叁毫伍絲

兵餉銀叁千捌百貳拾柒兩壹錢貳分壹釐貳毫伍忽柒微陸纖捌沙捌塵柒渺柒漠

各衙門銀肆百柒拾肆兩貳錢貳釐柒毫陸絲叁忽玖微柒纖貳沙

經費銀壹千玖百玖拾兩柒錢肆分伍毫

存留支給銀貳千玖百玖拾叁兩玖錢柒分叁絲伍

忽

裁省解部銀貳千壹百柒拾肆兩貳錢玖分零柒

毫貳絲叁忽壹微柒纖肆沙玖渺陸漠

外優免丁糧貳項解部銀壹百肆拾叁兩叁錢壹分壹釐捌毫壹絲捌忽叁微壹纖捌沙肆塵叁渺捌漠

實徵本色米豆叁千捌百叁拾柒石壹斗伍升伍合

柒勺內

本色留充本省兵糧米豆叁千伍百貳拾柒石伍斗伍升伍合柒勺

本色孤貧米叁百玖石陸斗

外不在田畝人丁派徵

雜項出辦

兵部牧馬冏地工部蘇膠班匠漁課學田等項共銀貳百肆拾玖兩伍錢柒分壹毫玖忽捌微叁沙

本縣解布政司轉解四部折色銀數

夏稅折色起運

戶部項下折色

太倉庫麥折銀捌拾兩水脚銀捌錢解費銀壹兩陸錢此項原額折色麥捌拾石每石折銀壹兩共銀捌拾兩水脚銀捌錢解費銀壹兩陸錢

銀硃銀壹百柒拾兩陸錢貳分伍釐鋪墊銀陸兩貳錢伍分陸釐貳毫伍絲水脚銀壹兩柒錢陸釐貳毫伍絲解費銀叁兩肆錢壹分貳釐伍毫此項原解甲字庫本色銀硃玖拾伍觔每觔原編價銀伍錢鋪墊銀壹錢壹分於順治拾年陸月內奉

旨除解本色外該折色銀硃伍拾陸觔拾肆兩每斤折銀叁兩共銀壹百柒拾兩陸錢貳分伍釐鋪墊銀陸兩貳錢伍分陸釐貳毫伍絲水脚銀壹兩柒錢陸釐貳毫伍絲解費銀叁兩肆錢壹分貳釐伍毫

賦䘛銀壹兩玖釐叁毫柒絲伍忽鋪墊銀伍錢捌分肆釐叁毫柒絲伍忽水脚銀壹分玖絲叁忽柒微伍纖解費銀貳分壹毫捌絲柒忽伍微此項原解甲字庫本色賦䘛叁拾玖觔拾壹兩每觔原編價銀壹錢玖分鋪墊銀壹錢壹分於順治拾年陸月內奉

旨除解本色外該折色賦䘛伍觔伍兩每觔折銀壹錢玖分共銀壹兩玖釐叁毫柒絲伍忽鋪墊銀伍錢捌分肆釐叁毫柒絲伍忽水脚銀壹分玖絲叁忽柒微伍纖解費銀貳分壹毫捌絲柒忽伍微

藤黃銀壹兩壹錢叁分柒釐伍毫鋪墊銀陸錢貳分伍釐陸毫貳絲伍忽水脚銀壹分壹釐叁毫柒絲伍忽解費銀貳分貳釐柒毫伍絲此項原解甲字庫本色藤黃拾

伍觔每觔原編價銀壹錢鋪墊銀壹錢壹分於順
治拾年陸月內奉
旨除解本色外該折色藤黄伍觔拾壹兩每觔折銀貳錢
共銀壹兩壹錢叁分柒釐伍毫鋪墊銀陸錢貳分
伍釐陸毫貳絲伍忽水脚銀壹分壹釐叁
毫柒絲伍忽解費銀貳分貳釐柒毫伍絲
黑鉛銀玖兩陸錢柒釐伍毫鋪墊銀壹兩伍錢玖釐
柒毫伍絲水脚銀玖分陸釐柒絲伍忽解費銀壹
錢玖分貳釐壹毫伍絲此項原解甲字庫本色黑鉛貳百捌拾叁觔捌兩每
觔原編價銀叁分伍釐鋪墊銀壹分壹釐於順拾
拾年陸月內奉
旨除解本色外該折色黑鉛壹百叁拾柒觔肆兩每觔折
銀柒分共銀玖兩陸錢柒釐伍毫鋪墊銀壹兩伍
錢玖釐柒毫伍絲水脚銀玖分陸釐柒絲
伍忽解費銀壹錢玖分貳釐壹毫伍絲

烏梅銀玖兩捌錢貳分鋪墊銀貳兩柒錢伍毫水脚銀玖分捌釐貳毫解費銀壹錢玖分陸釐肆毫此項原解甲字庫本色烏梅叁百觔每觔原編銀貳分鋪墊銀壹分壹釐於順治拾年陸月內奉

旨除解本色外該折色烏梅貳百肆拾伍觔捌兩每觔折銀肆分共銀玖兩捌錢貳分鋪墊銀貳兩柒錢伍毫水脚銀玖分捌釐貳毫解費銀壹錢玖分陸釐肆毫

生銅銀肆兩鋪墊銀捌錢水脚銀肆分解費銀捌分

此項原解丁字庫本色生銅伍拾觔每觔原編價銀伍分鋪墊銀壹分陸釐於順治拾年陸月內奉

旨全改折該折色生銅伍拾觔每觔折銀捌分共銀肆兩鋪墊銀捌錢水脚銀肆分解費銀捌分

紅熟銅銀壹拾伍兩貳錢玖分壹釐貳毫伍絲鋪墊

銀壹兩捌錢捌分貳釐水脚銀壹錢伍分貳釐玖
毫壹絲貳忽伍微解費銀叁錢伍釐捌毫貳絲伍
忽此項原解丁字庫本色紅熟銅壹百伍拾觔每
觔原編價銀壹錢鋪墊銀壹分陸釐於順治拾
年陸月內奉
亣除解本色外該折色紅熟銅壹百壹拾柒觔拾兩每觔
折銀壹錢叁分共銀壹拾伍兩貳錢玖分壹釐貳
毫伍絲鋪墊銀壹兩捌錢捌分貳釐水脚銀壹錢
伍分貳釐玖毫壹絲貳忽伍微解
費銀叁錢伍釐捌毫貳絲伍忽

黃蠟銀壹拾伍兩貳錢貳分伍釐鋪墊銀陸錢玖釐
水脚銀壹錢伍分貳釐貳毫伍絲解費銀叁錢肆
釐伍毫此項原解丁字庫本色黃蠟伍拾觔貳兩
每觔原編價銀貳錢鋪墊銀壹分陸釐於

順治拾年陸月內奉
旨除解本色外該折色黃蠟叁拾捌觔壹兩每觔折銀肆
錢共銀壹拾伍兩貳錢貳分伍釐鋪墊銀陸錢玖
釐水脚銀壹錢伍分貳釐貳毫伍絲解費銀叁錢
肆釐
伍毫

牛筋銀叁兩貳錢鋪墊銀叁錢貳分水脚銀叁分貳
釐解費銀陸分肆釐 此項原解丁字庫本色牛筋
貳拾觔每觔原編價銀捌分
鋪墊銀壹分陸釐於順治拾年陸月內奉
旨全改折該折色牛筋貳拾觔每觔折銀壹錢陸分共銀
叁兩貳錢鋪墊銀叁錢貳分水脚
銀叁分貳釐解費銀陸分肆釐

水牛角銀貳拾兩鋪墊銀壹兩肆錢水脚銀貳錢解
費銀肆錢 此項原解丁字庫水牛角貳拾副每副
原編價銀壹錢鋪墊銀柒分於順治拾

年陸月內奉
旨全改折該折色水牛角貳拾副每副折銀壹兩共銀貳
拾兩鋪墊銀壹兩肆錢水
脚銀貳錢解費銀肆錢

黃牛皮銀陸錢陸分鋪墊銀貳錢肆分水脚銀陸釐
陸毫解費銀壹分叁釐貳毫　此項原解丁字庫本
色黃牛皮叁張每張
原編價銀貳錢貳分鋪墊銀捌分於順治拾年陸
月內奉
旨全改折該折色黃牛皮叁張每張折銀貳錢貳分共銀
陸錢陸分鋪墊銀貳錢肆分水脚銀陸釐陸毫解
費銀壹分
叁釐貳毫

蘋草銀壹兩水脚銀壹分解費銀貳分　此項原解南
供用庫今改
解北本色蘋草貳百觔每觔原編價銀貳釐伍毫
於順治拾年陸月內奉

旨全改折該折色蘋草貳百觔每觔折銀伍釐
共銀壹兩水脚銀壹分解費銀貳分

以上戶部自太倉庫麥折起至供應庫蘋草止計拾叁款共銀叁百伍拾捌兩肆錢伍分叁毫玖絲叁忽柒微伍纖內正銀叁百叁拾壹兩伍錢柒分伍釐陸毫貳絲伍忽鋪墊銀壹拾陸兩玖錢貳分柒釐伍毫水脚銀叁兩叁錢壹分伍釐柒毫伍絲陸忽貳微伍纖解費銀陸兩陸錢叁分壹釐伍毫壹絲貳忽伍微

秋糧折色起運

戶部項下折色

光祿寺米折銀貳百貳拾柒兩捌錢壹分伍釐水脚

銀貳兩貳錢柒分捌釐壹毫伍絲解費銀肆兩伍錢伍分陸釐叁毫此項原額米叁百貳拾伍石肆斗伍升每石折銀柒錢共銀貳百貳拾柒兩捌錢壹分伍釐水脚銀貳兩貳錢柒分捌釐壹毫伍絲解費銀肆兩伍錢伍分陸釐叁毫

太倉庫米折銀壹千陸百肆拾兩柒錢貳分捌釐捌毫玖絲伍忽肆微肆纖玖沙陸塵捌渺水脚銀壹拾陸兩肆錢柒釐貳毫捌絲捌忽玖微伍纖肆沙肆塵玖渺柒漠解費銀叁拾貳兩捌錢壹分肆釐伍毫柒絲柒忽玖微捌沙玖塵玖渺肆漠此項原額米貳

千柒百叁拾肆石伍斗肆升捌合壹勺伍抄玖撮捌粟貳粒捌顆每石折銀陸錢共銀壹千陸百肆拾兩柒錢貳分捌釐捌毫玖絲伍忽肆微肆纖玖沙陸塵捌渺水脚銀壹拾陸兩肆錢柒釐貳毫捌絲捌忽玖微伍纖肆沙肆塵玖渺柒漠解費銀叁拾貳兩捌錢壹分肆釐伍毫柒絲柒忽玖微捌沙玖塵玖渺肆漠

京庫草折銀壹千叁百玖拾捌兩玖錢叁分水脚銀壹拾叁兩玖錢捌分玖釐叁毫解費銀貳拾柒兩玖錢柒分捌釐陸毫此項原額馬草肆萬陸千陸百叁拾壹包每包折銀叁分該銀壹千叁百玖拾捌兩玖錢叁分水脚銀壹拾叁兩玖錢捌分玖釐叁毫解費銀貳拾柒兩玖錢柒分捌釐陸毫

玖釐地畝銀玖千肆百陸拾兩伍錢壹分壹釐叁毫
肆絲肆忽水脚銀玖拾肆兩陸錢伍釐壹毫壹絲
叁忽肆微肆纖解費銀壹百捌拾玖兩貳錢壹分
貳毫貳絲陸忽捌微捌纖此項係萬曆末年加編今准部文照舊徵解
京倉兌運漕糧改折銀捌千陸百叁拾玖兩肆錢水
脚銀捌拾陸兩叁錢玖分肆釐解費銀壹百柒拾
貳兩柒錢捌分捌釐查此項原額正兌米壹萬貳千叁百肆拾貳石每石加肆
耗米肆千玖百叁拾陸石捌斗據該縣爲水虐虛
糧日增等事申詳　撫院張　題請折色戶部覆
題於順治拾伍年叁月初肆日奉
旨改折正米壹萬貳千叁百肆拾貳石每石比照高淳縣

永折事例折銀米錢共折銀捌千陸百叁拾玖兩
肆錢水脚銀捌拾陸兩叁錢玖分肆釐解費銀壹
百柒拾貳兩柒錢捌分捌釐其耗米
肆千玖百叁拾陸石捌斗免派於民

改兌淮安府常盈倉漕糧改折銀貳千玖拾玖兩肆
錢水脚銀貳拾兩玖錢玖分肆釐解費銀肆拾壹
兩玖錢捌分捌釐　查此項原額改兌米叁千肆百
玖拾玖石每石加叁耗米壹千
肆拾玖石柒斗據該縣爲水虐虛糧日增等事申
詳　撫院張　題請折色戶部覆題於順治拾伍
年叁月初肆日奉
旨改折正米叁千肆百玖拾玖石此照高淳縣永折事例
每石折銀陸錢共折銀貳千玖拾玖兩肆錢水脚
銀貳拾兩玖錢玖分肆釐解費銀肆拾壹兩玖錢
捌分捌釐其耗米壹千肆
拾玖石柒斗免派於民

以上戶部下折色自光祿寺米折起至改兌漕折止

計陸欵共銀貳萬肆千壹百柒拾兩柒錢捌分捌釐柒毫玖絲陸忽陸微叁纖叁沙壹塵柒渺壹漠

內疋銀貳萬叁千肆百陸拾陸兩柒錢捌分伍釐貳毫叁絲玖忽肆微肆纖玖沙陸塵捌渺水脚銀貳百叁拾肆兩陸錢陸分柒釐捌毫伍絲貳忽叁微玖纖肆沙肆塵玖渺柒漠解費銀肆百陸拾玖兩叁錢叁分伍釐柒毫肆忽柒微捌纖捌沙玖塵玖渺肆漠

禮部項下折色

禮部肥猪雞鵞等銀貳百陸拾捌兩玖錢捌分水脚銀貳兩陸錢捌分玖釐捌毫解費銀伍兩叁錢柒

分玖釐陸毫

禮部折色藥材價銀并紅黃紙價等銀壹拾叁兩捌錢肆分貳釐伍毫水脚銀壹錢叁分捌釐肆毫貳絲伍忽解費銀貳錢柒分陸釐捌毫伍絲

蒼术銀壹百肆拾柒兩水脚貳拾貳兩伍錢玖分貳釐貳毫貳絲貳忽伍微解費貳兩玖錢肆分此項原編伍千捌百捌拾觔每觔價銀柒釐共銀肆拾壹兩壹錢陸分水脚銀貳拾玖兩陸錢貳分玖釐陸毫叁絲於萬曆肆拾柒年改折壹千肆百捌拾觔每觔折銀貳分伍釐共銀叁拾柒兩水脚銀叁錢柒分實徵本色蒼术肆千肆百觔每觔價銀柒厘共銀叁拾兩捌錢實該本色水脚銀貳拾貳兩貳錢貳分貳厘貳毫貳絲

貳忽伍微於順治捌年玖月內奉
旨全改折該折色蒼朮伍千捌百捌拾觔每觔折銀貳分
伍釐共銀壹百肆拾柒兩水脚銀貳拾貳兩伍錢
玖分貳釐貳毫貳絲貳忽伍微解費銀貳兩玖錢
肆
分

以上禮部項下自肥猪雞鵝起至折色蒼朮銀止計
叁項共銀肆百陸拾叁兩捌錢叁分玖釐叁毫玖
絲伍忽內正銀肆百貳拾玖兩捌錢貳分貳釐伍
毫水脚銀貳拾伍兩肆錢貳分肆毫肆絲柒忽伍
徵解費銀捌兩伍錢玖分陸釐肆毫伍絲

兵部項下折色

兵部備用折色馬壹百貳拾肆匹每匹銀叁拾兩共銀叁千柒百貳拾兩水脚銀叁拾柒兩貳錢解費銀柒拾肆兩肆錢此項原額折色馬壹百貳拾肆匹每匹銀貳拾肆兩共銀貳千玖百柒拾陸兩水脚銀貳拾玖兩柒錢陸分於順治貳年間奉太僕寺劄　題請俵馬無論本折每匹折銀叁拾兩內除原編外加銀陸兩共銀柒百肆拾肆兩原編新增共銀叁千柒百貳拾兩水脚銀叁拾柒兩貳錢解費銀柒拾肆兩肆錢

兵部草料銀捌百壹拾捌兩捌錢壹分壹釐捌毫捌絲水脚銀捌兩壹錢捌分捌釐壹毫壹絲捌忽捌微解費銀壹拾陸兩叁錢柒分陸釐貳毫叁絲柒

忽陸微
太僕寺短班醫獸銀壹兩貳錢水脚銀陸釐解費銀
貳分肆釐
以上兵部下折色自馬價起至醫獸止計叁欵共銀
肆千陸百柒拾陸兩貳錢陸釐貳毫叁絲陸忽肆
微內正項銀肆千伍百肆拾兩壹分壹釐捌毫捌絲水脚銀肆拾伍兩叁錢玖分肆釐壹毫壹絲捌忽捌微解費銀玖拾兩捌錢貳毫叁絲柒忽陸微
工部項下折色
工部四司料價銀貳千伍百柒拾伍兩壹釐肆毫水

脚銀貳拾伍兩柒錢伍分壹絲肆忽解費銀伍拾
壹兩伍錢貳絲捌忽內
營繕司銀捌百貳拾肆兩肆毫肆絲捌忽水脚銀捌
兩貳錢肆分肆忽肆微捌纖解費銀壹拾陸兩肆
錢捌分捌忽玖微陸纖
虞衡司銀肆百壹拾貳兩貳毫貳絲肆忽水脚銀肆
兩壹錢貳分貳忽貳微肆纖解費銀捌兩貳錢肆
分肆忽肆微捌纖
都水司銀柒百貳拾壹兩叁毫玖絲貳忽水脚銀柒

兩貳錢壹分叁忽玖微貳纖解費銀壹拾肆兩肆錢貳分柒忽捌微肆纖

屯田司銀陸百壹拾捌兩叁毫叁絲陸忽水脚銀陸兩壹錢捌分叁忽叁微陸纖解費銀壹拾貳兩叁錢陸分陸忽柒微貳纖

工部營繕司磚料銀壹百捌拾壹兩壹錢壹分叁釐水脚銀壹兩捌錢壹分壹釐壹毫叁絲解費銀叁兩陸錢貳分貳釐貳毫陸絲

御用監匠役衣糧銀肆拾肆兩陸錢柒分捌釐陸毫

水脚銀肆錢肆分陸釐柒毫捌絲陸忽解費銀捌錢玖分叁釐伍毫柒絲貳忽遇閏加銀叁兩陸錢陸分玖釐玖毫伍絲捌忽伍微此項原額銀叁拾捌兩陸錢叁分陸釐遇閏加銀叁兩叁錢壹分於順治拾壹年肆月內奉　工部頒發欵目冊開載改編前數

以上工部自四司料價起至御用監匠役衣糧止計叁欵共銀貳千捌百捌拾肆兩捌錢壹分陸釐柒毫玖絲內正銀貳千捌百兩柒錢玖分叁釐水脚銀貳拾捌兩柒釐玖毫叁絲解費銀伍拾陸兩壹分伍釐捌毫陸絲

本縣解布政司轉解戶部本色物料數

夏稅本色起運

戶部項下本色

甲丁二庫原編銀硃等料價銀叁拾玖兩叁錢玖分叁釐壹毫貳絲伍忽鋪墊銀壹拾貳兩伍錢叁釐貼備使費銀叁拾柒兩叁錢壹分壹釐貳毫共銀捌拾玖兩貳錢柒釐叁毫貳絲伍忽內該辦解

甲字庫

銀硃叁拾捌觔貳兩每觔原編價銀伍錢鋪墊銀壹錢壹分該價銀壹拾玖兩陸分貳釐伍毫鋪墊銀

肆兩壹錢玖分叁釐柒毫伍絲

膩硃叁拾玖觔拾壹兩每觔原編價銀壹錢玖分鋪墊銀壹錢壹分該價銀柒兩伍錢肆分陸毫貳絲伍忽鋪墊銀肆兩叁錢陸分伍釐陸毫貳絲伍忽

藤黃玖觔伍兩每觔原編價銀壹錢鋪墊銀壹錢壹分該價銀玖錢叁分壹釐貳毫伍絲鋪墊銀壹兩貳分肆釐叁毫柒絲伍忽

黑鉛壹百肆拾陸觔肆兩每觔原編價銀叁分伍釐鋪墊銀壹分壹釐該價銀伍兩壹錢壹分捌釐柒

毫伍絲鋪墊銀壹兩陸錢捌釐柒毫伍絲

烏梅伍拾肆觔捌兩每觔原編銀貳分鋪墊銀壹分

壹釐該價銀壹兩玖分鋪墊銀伍錢玖分玖釐伍

毫

丁字庫

紅熟銅叁拾貳觔陸兩每觔原編價銀壹錢鋪墊銀

壹分陸釐該價銀叁兩貳錢叁分柒釐伍毫鋪墊

銀伍錢壹分捌釐

黃蠟壹拾貳觔壹兩每觔原編價銀貳錢鋪墊銀壹

分陸釐該價銀貳兩肆錢壹分貳釐伍毫鋪墊銀壹錢玖分叁釐

查甲丁貳庫銀硃等項原編銀壹百叁兩貳錢柒分陸釐捌毫柒絲伍忽鋪墊銀貳拾捌兩陸分捌釐肆毫壹絲貳忽伍微內餘撥解折色銀陸拾叁兩捌錢捌分陸釐捌毫柒絲伍忽鋪墊銀壹拾伍兩伍錢陸分伍釐肆毫壹絲貳忽伍微實在原編銀叁拾玖兩叁錢玖分叁釐壹毫貳絲伍忽鋪墊銀壹拾貳兩伍錢叁釐

承運庫

原解南改解北本色壹分貳釐絹叁拾貳疋壹分陸釐每疋原編價銀柒錢共銀貳拾貳兩伍錢壹分貳釐綱司水腳銀壹拾貳兩玖錢玖分貳釐陸毫

肆絲　查此項原編解南庫絲絹貳百陸拾捌疋每
疋折銀柒錢共銀壹百捌拾柒兩陸錢綱司
水脚火耗銀壹拾肆兩陸錢肆分叁釐伍毫貳絲
內本色壹分貳釐絹叁拾貳疋壹分貳釐該銀貳
拾貳兩伍錢壹分貳釐綱司水脚銀壹拾貳兩九
錢玖分貳釐陸毫肆絲改解北部外餘折色絹貳
百叁拾伍疋捌分肆釐徵銀
載入後項畱克本省兵餉

供用庫

原解南今改解北供用庫本色黃白蠟銀陸拾壹兩
綱司銀叁拾貳兩伍錢水脚銀陸錢壹分共銀玖
拾肆兩壹錢壹分內該辦解
黃蠟貳百叁拾觔每觔原編銀貳錢共銀肆拾陸兩

白蠟叁拾觔每觔原編銀伍錢共銀拾伍兩查此貳項原解

供用庫今改解北原編銀陸拾壹兩伍錢水脚銀
陸錢壹分伍釐綱司銀叁拾貳兩伍錢內除撥解
折色藾草銀伍錢水脚銀伍釐實存原編銀陸拾
壹兩水脚銀陸錢壹分綱司銀叁拾貳兩伍錢

以上甲丁承運供用肆庫本色銀硃絲絹黃白蠟等
項先於順治玖年拾月內准戶部咨開已經具
題奉
旨各項本色責成布政司每年於壹兩月之前確查時價
據實估定申報督撫咨部查考一面徑行所屬州
縣照估定時價徵銀解交藩司遴委職官領銀採
買物料裝運解部今新奉
俞旨本色顏料各欵令各屬自行採辦徑解內部已遵行
該州縣辦解至隨時增價逐年預先報明另編今
將舊編銀數照舊造入其不敷銀兩遵照估定時
價徵
辦

以上戸部本色顔料等項自銀硃起至白蠟止計拾
欵共銀貳百壹拾捌兩捌錢貳分壹釐玖毫陸絲
伍忽内正銀壹百貳拾貳兩玖錢伍釐壹毫貳絲
伍忽鋪墊銀壹拾貳兩伍錢叁釐繝司水
脚貼備使費等銀捌拾叁兩
肆錢壹分叁釐捌毫肆絲

本縣支給運官蓆木銀數

本色叁分蘆蓆銀貳拾叁兩柒錢陸分壹釐伍毫

本色叁分楞木松板銀捌兩伍錢壹分伍釐玖毫捌
絲

本縣解淮安府漕河貳庫輕齎河工銀數

貳陸輕賫銀壹百壹拾捌兩捌錢伍分陸釐伍毫水脚銀壹兩壹錢捌分捌釐伍毫陸絲伍忽解費銀貳兩叁錢柒分柒釐壹毫叁絲

查此項原額銀壹千肆百肆拾陸兩伍分水脚銀壹拾肆兩肆錢陸分伍毫内撥出舊額河工銀壹百貳拾叁兩肆錢貳分水脚銀壹兩貳錢叁分肆釐貳毫又撥出改派河工車盤銀壹千貳百叁兩柒錢柒分叁釐伍毫水脚銀壹拾貳兩叁分柒釐柒毫叁絲伍忽

除撥出外實編前數徵解

隨糧壹升蘆蓆米銀伍拾伍兩肆錢肆分叁釐伍毫

解費銀壹兩壹錢捌釐捌毫柒絲

查此項原額銀柒拾玖兩貳錢伍釐内撥出本色叁分銀貳拾叁兩柒錢陸分壹釐伍毫給發運官辦解實編前數

椤木松板銀壹拾玖兩捌錢柒分陸毫貳絲解貴銀叁錢玖分柒釐肆毫壹絲貳忽肆微查此項原額銀貳拾捌兩叁錢捌分陸釐陸毫內撥出本色叁分銀捌兩伍錢壹分伍釐玖毫捌絲給發運官辦解實編前數

正改兌壹分篢纜銀壹百伍拾捌兩肆錢壹分水脚銀壹兩伍錢捌分肆釐壹毫解貴銀叁兩壹錢陸分捌釐貳毫

改兌項下貳升變易米銀叁拾肆兩玖錢玖分解貴銀陸錢玖分玖釐捌毫

陸升過江米銀伍百柒拾兩貳錢柒分陸釐以上各款徵解

淮安府

漕庫

舊額河工銀壹百貳拾叁兩肆錢貳分水脚銀壹兩貳錢叁分肆釐貳毫解費銀貳兩肆錢陸分捌釐肆毫

輕齎改派河工車盤銀壹千貳百叁兩柒錢柒分叁釐伍毫水脚銀壹拾貳兩叁分柒釐柒毫叁絲伍忽解費銀貳拾肆兩柒分伍釐肆毫柒絲查此貳欵原係輕齎撥出另解

溜夫工食銀壹百伍拾捌兩肆錢壹分解費銀叁兩

壹錢陸分捌釐貳毫以上徵解淮安府河庫

以上隨漕輕齎河工等自本色蘆蓆起至淄夫止計拾壹欵共銀貳千伍百貳拾玖兩貳錢叁分伍釐陸毫捌絲貳忽肆微內正銀貳千肆百柒拾伍兩柒錢貳分柒釐陸毫水脚銀壹拾陸兩肆分肆釐陸毫解費銀叁拾柒兩陸錢肆分叁釐肆毫捌絲貳忽肆微

本縣解省倉君轉給省城兵馬糧料本色米豆數

原解南酒醋麴局今改解江寧倉君本色豆壹百壹拾陸石貳斗伍升每石加耗伍斗伍升船錢叁升盤用伍升共陸斗叁升該耗豆柒拾叁石貳斗叁升

柒合伍勺共正耗豆壹百捌拾玖石肆斗捌升柒合伍勺水脚銀柒兩柒錢伍分

此項原解南酒醋麵局正麥陸拾貳石伍斗麥穩壹百伍拾石准小麥拾伍石共准正麥柒拾柒石伍斗每石加耗伍斗伍升船錢叁升盤用伍升共陸斗叁升該耗麥肆拾捌石捌斗貳升伍合共正耗麥壹百貳拾陸石叁斗貳升伍合每石徵銀肆錢共徵銀伍拾兩伍錢叁分收買本色上納水脚銀柒兩柒錢伍分於順治柒年拾壹月初玖日准　總督戶部咨明　北部每麥壹石易豆壹石伍斗收編前數其原編價銀不入編派水脚銀改充本省兵餉

原解南供用庫今改解江寧倉本色黑豆伍拾石黃豆柒石伍斗共豆伍拾柒石伍斗每石加耗貳斗

船錢叁升盤用伍升共貳斗捌升該耗豆壹拾陸石壹斗共正耗豆柒拾叁石陸斗綱司水脚銀叁拾肆兩伍錢其綱司水脚銀留充本省兵餉

原解南神宮監今改解江寧倉本色白熟糯米捌石准糙粳正米捌石捌斗糙粳正米捌拾石黃豆叁拾貳石綠豆壹拾柒石今奉文每石改徵黑豆壹石伍斗准黑豆貳拾伍石貳斗共准正米豆壹百肆拾陸石叁斗每石加耗貳斗船錢叁升盤用伍升共貳斗捌升該耗米豆肆拾石玖斗陸升肆合

實共正耗米豆壹百捌拾柒石貳斗陸升肆合綱司水脚銀伍拾伍兩壹錢貳分　查此項原額本色白熟糯米捌石准粳正米捌石捌斗糙粳正米捌拾石黃豆叁拾貳石菉豆壹拾柒石共准正米壹百叁拾柒石捌斗每石加耗貳斗船錢叁升盤用伍升共貳斗捌升該耗米叁拾捌石伍斗捌升肆合綱司水脚銀伍拾伍兩壹錢貳分於順治柒年拾壹月初玖日准總督戸部咨明　北部改編前數其綱司水脚銀兩改充本省兵餉

原解江南長安左等肆門倉今改解江寧倉本色正米陸百捌拾肆石叁斗每石加耗貳斗船錢叁升盤用伍升共貳斗捌升該耗米壹百玖拾壹石陸

斗肆合共正耗米捌百柒拾伍石玖斗肆合水脚

門籌銀肆拾壹兩伍分捌釐其水脚門籌銀改充本省兵餉

原解江南各衛倉水兌平米壹千伍百陸拾石陸斗

玖升每石加耗貳斗船錢叁升盤用伍升共貳斗

捌升該耗米肆百叁拾陸石玖斗玖升叁合貳勺

共正耗米壹千玖百玖拾柒石陸斗捌升叁合貳

勺此項聽布政司詳撥本省各衛行月貳糧

原解南各衛倉今改江寧倉本色無耗黑豆貳百叁

石陸斗壹升柒合耗費銀肆錢柒釐貳毫叁絲肆

忽其耗費銀兩攺充本省兵餉

以上留充本省駐防兵馬糧料本色米豆自酒醋麵局起至各衛倉黑豆止計陸款共米豆叁千伍百貳拾柒石伍斗伍升伍合柒勺綱司水脚門籌銀壹百叁拾捌兩捌錢叁分伍釐貳毫叁絲肆忽內正米豆貳千柒百陸拾捌石陸斗伍升柒合耗米豆柒百伍拾捌石捌斗玖升捌合柒勺綱司水脚門籌銀壹百叁拾捌兩捌錢叁分伍釐貳毫叁絲肆忽攺充本省充餉

本縣存留本色米數

養濟院孤貧捌拾陸名口每名給本色米叁石陸斗

共米叁百玖石陸斗遇閏加米貳拾伍石捌斗

本縣解布政司留充南餉折色銀數

稅糧起運

戶屬項下改充南餉

各衛倉麥折銀壹百貳拾壹兩貳錢水脚銀陸錢陸釐解費銀貳兩肆錢貳分肆釐此項原額正麥叁百叁石每石折銀肆錢共銀壹百貳拾壹兩貳錢水脚銀陸錢陸釐解費銀貳兩肆錢貳分肆釐

京絲絹捌分捌釐折色銀壹百陸拾伍兩捌分捌釐

水脚銀壹兩陸錢伍分捌毫捌絲解費銀叁兩叁

錢壹釐柒毫陸絲此項原額折色絹貳百叁拾伍疋捌分肆釐每疋折銀柒錢共銀壹百陸拾伍兩捌分捌釐水腳銀壹兩陸錢伍分捌毫捌絲解費銀叁兩叁錢壹釐柒毫陸絲

定場草折銀壹百陸拾貳兩玖錢玖分水腳銀捌錢壹分肆釐玖毫伍絲解費銀叁兩貳錢伍分玖釐捌毫此項原額馬草玖千伍拾伍包每包折銀壹分捌釐共銀壹百陸拾貳兩玖錢玖分水腳銀捌錢壹分肆釐玖毫伍絲解費銀叁兩貳錢伍分玖釐捌毫

南犧牲所黃豆折銀叁拾兩解費銀陸錢此項原額折色豆陸拾石每石折銀伍錢共銀叁拾兩解費銀陸錢

均徭起運

戶屬項下改充南餉

南戶部庫子銀叁拾陸兩水脚銀壹錢捌分解費銀

柒錢貳分

房屋鈔銀貳兩肆錢陸分陸釐玖毫柒絲叁微解費

銀肆分玖釐叁毫叁絲玖忽肆微陸沙

酒醋鈔銀貳錢柒分肆釐解費銀伍釐肆毫捌絲

南四門倉脚夫銀叁拾陸兩水脚銀壹錢捌分解費

銀柒錢貳分

南光祿寺庫子銀壹拾叁兩水脚銀壹錢叁分解費

銀貳錢陸分

廣惠庫銅錢伍千肆百壹拾捌文解費錢壹百捌文

鹽倉庫秤銀肆拾捌兩水脚銀貳錢肆分解費銀玖

錢陸分

鯖魚廠船網什物等銀陸拾捌兩叁分捌釐壹毫伍

絲伍忽新增銀玖兩解費銀壹兩伍錢肆分柒毫

陸絲叁忽壹微

鱘魚廠船網等銀壹拾壹兩捌錢肆分柒釐新增銀

陸兩解費銀叁錢伍分陸釐玖毫肆絲

氷窨局門子銀陸兩水脚銀叁分解費銀壹錢貳分

酒醋局醫獸銀肆兩水脚銀貳分解費銀捌分

淮安府米折銀貳百肆拾叁兩伍錢水脚銀貳兩肆錢叁分伍釐解費銀肆兩捌錢柒分此項原額正米肆百捌拾柒石每石折銀伍錢共銀貳百肆拾叁兩伍錢火耗銀貳兩肆錢叁分伍釐自明季從未起解該府於順治玖年訂正全書抵補各衛倉耗豆徑解藩司留充本省兵餉

禮屬項下改充南餉

南藥材銀壹兩貳錢伍分解費銀貳分伍釐

南太醫院庫秤銀柒兩水脚銀叁分伍釐解費銀壹

錢肆分

南神樂觀膳夫銀貳拾肆兩水脚銀壹錢貳分解費

銀肆錢捌分

兵屬項下改充南餉

南尚膳監醫獸銀捌兩解費銀壹錢陸分

犒勞牛羊菓酒銀貳拾兩貳錢玖分解費銀肆錢伍

釐捌毫

南兵部分司門皂銀捌拾兩加錠銀貳兩肆錢水脚

銀捌錢解費銀壹兩陸錢

南武學門子齋夫銀叁拾陸兩水脚銀柒錢貳分解
費銀柒錢貳分
大勝關弓兵銀壹百壹拾玖兩水脚銀壹兩壹錢玖
分解費銀貳兩叁錢捌分
寧太道公費什物銀壹拾玖兩叁錢陸分叁釐捌毫
解費銀叁錢捌分柒釐貳毫柒絲陸忽
寧太道皂隸銀拾捌兩解費銀叁錢陸分
寧太道民壯銀陸拾肆兩捌錢解費銀壹兩貳錢玖
分陸釐

寧太道水手銀肆兩貳錢叁分伍釐解費銀捌分肆
釐柒毫

刑屬項下改充南餉

南刑部庫子銀叁拾玖兩陸錢水脚銀叁錢玖分陸
釐解費銀柒錢玖分貳釐

南刑部禁卒銀叁拾陸兩水脚銀叁錢陸分解費銀
柒錢貳分

南刑部土工銀壹拾肆兩肆錢水脚銀柒分貳釐解
費銀貳錢捌分捌釐

安樂堂土工銀貳拾肆兩水脚銀壹錢貳分解費銀
肆錢捌分
南都察院庫子銀肆拾捌兩水脚銀肆錢叁分貳釐
解費銀玖錢陸分
工屬項下改充南餉
太常寺壇夫銀伍拾兩肆錢水脚銀貳錢伍分貳釐
解費銀壹兩捌釐
國子監門子銀柒兩貳錢水脚銀叁錢陸分解費銀
壹錢肆分肆釐

織染所庫秤銀拾肆兩水脚銀柒分解費銀貳錢捌
分

各監局柴夫銀肆拾捌兩捌錢壹分肆釐陸毫叁絲
柒忽伍微解費銀玖錢柒分陸釐貳毫玖絲貳忽
柒微伍纖

惜薪司柴夫銀玖拾捌兩玖錢陸分解費銀壹兩玖
錢柒分玖釐貳毫

翰林院徑役夫銀柒兩貳錢水脚銀叁分陸釐解費
銀壹錢肆分肆釐

以上留充本省兵餉自各衛倉麥折起至翰林院徑役夫止計叁拾玖款共銀壹千捌百捌兩壹錢柒分壹釐柒毫肆絲肆忽伍纖陸沙內正銀壹千柒百伍拾玖兩叁錢叁分伍釐伍毫陸絲貳忽捌微水脚銀壹拾叁兩陸錢肆分玖釐捌毫叁絲解費銀叁拾伍兩壹錢捌分陸釐叁毫伍絲壹忽貳微伍纖陸沙

本縣解給驛站協濟銀數

驛站

龍江遞運所座船水手貳拾肆名每名銀柒兩貳錢修船銀貳兩共銀貳百貳拾兩捌錢遇閏加銀壹

拾肆兩肆錢

紅船水夫捌名每名銀柒兩貳錢共銀伍拾柒兩陸錢遇閏加銀肆兩捌錢

接遞水夫叁拾貳名每名銀柒兩貳錢共銀貳百叁拾兩肆錢遇閏加銀壹拾玖兩貳錢

龍江水馬驛站船水夫伍拾叁名每名銀柒兩貳錢共銀叁百捌拾壹兩陸錢遇閏加銀叁拾壹兩捌錢

龍江驛支應銀肆拾柒兩壹錢肆分肆釐遇閏加銀

叁兩玖錢貳分捌釐陸毫柒絲
江淮驛驢玖頭每頭銀貳拾壹兩共銀壹百捌拾玖
兩遇閏加銀壹拾伍兩柒錢伍分
江淮驛支應銀壹百捌拾貳兩柒錢壹分遇閏加銀
壹拾伍兩貳錢貳分伍釐捌毫叁絲
大勝驛支應銀貳拾兩遇閏加銀壹兩陸錢陸分陸
釐陸毫陸絲
雲亭驛上馬壹匹銀肆拾貳兩遇閏加銀叁兩伍錢
龍潭驛驢壹頭銀貳拾壹兩又撥補鄉飲酒席等銀

伍百叁拾陸兩叁錢陸分陸釐叁毫伍絲貳項共
銀伍百伍拾柒兩叁錢陸分陸釐叁毫伍絲遇閏
加銀肆拾陸兩肆錢肆分柒釐貳毫
龍潭驛支應銀貳拾兩遇閏加銀壹兩陸錢陸分陸
釐陸毫陸絲
棠邑驛中馬壹匹銀叁拾捌兩驢肆頭每頭銀貳拾
壹兩共銀壹百貳拾貳兩遇閏加銀壹拾兩壹錢
陸分陸釐陸毫陸絲
棠邑驛公費銀內原編協濟該驛馬價銀陸拾兩遇

閏加銀伍兩

東葛驛驢壹頭銀貳拾壹兩遇閏加銀壹兩柒錢伍分

江東驛馬價草料工食銀叁百伍拾貳兩遇閏加銀貳拾玖兩叁錢叁分叁釐叁毫肆絲

江寧驛馬價支應等銀壹百叁拾伍兩玖錢玖分肆釐又操馬銀肆百捌拾兩貳項共銀陸百壹拾伍兩玖錢玖分肆釐遇閏加銀伍拾壹兩叁錢叁分貳釐捌毫叁絲

金陵驛馬價銀貳百陸兩又蜜糖改抵銀壹拾柒兩肆錢貳項共銀貳百貳拾叁兩肆錢遇閏加銀壹拾捌兩陸錢壹分陸釐陸毫陸絲

江淮驛馬價奉江南總督部院馬　題部覆准撥給抵兌浙省馬價銀壹百捌拾捌兩壹錢叁分

遇閏加銀壹拾伍兩陸錢柒分柒釐伍毫

以上驛站自龍江遞運所夫起至江淮東葛貳驛不敷馬價止計壹拾捌款共銀叁千伍百叁拾壹兩

壹錢肆分肆釐叁毫伍絲遇閏加銀貳百玖拾兩

貳錢陸分壹釐玖毫玖絲

本縣起解漕操貳部院兵餉銀數

均徭

漕標兵餉項下

海防銀貳千貳百玖拾玖兩陸錢伍分水脚銀壹拾壹兩肆錢玖分捌釐貳毫伍絲解費銀肆拾伍兩玖錢玖分叁釐查此項原解常州府聽候江寧撫院動支給散兵餉今改解淮安府聽候漕撫動支

江北營兵餉

池陽營兵餉銀捌拾壹兩柒錢伍分陸釐伍絲肆忽肆微捌沙陸塵陸渺　水脚銀肆錢捌釐柒毫捌絲貳微柒纖貳沙肆塵叁漠解費銀壹兩陸錢叁分伍釐壹毫貳絲壹忽捌纖捌沙壹塵柒渺叁漠　查此項原解池州府聽候操院動支給池陽鎮兵餉今池陽鎮歸池陽營其銀改解淮安府聽漕撫動支給散江北兵餉

操院兵餉項下

操院兵餉銀玖百伍拾貳兩編增銀壹百伍兩解費銀貳拾壹兩壹錢肆分遇閏加銀陸拾肆兩

江防銀叁百貳兩解費銀陸兩肆分

以上兵餉自海防兵餉起至江防兵餉止計肆欵共銀叁千捌百貳拾柒兩壹錢貳分壹釐貳毫伍忽柒微陸纖捌沙捌塵柒渺柒漠遇閏加銀陸拾肆兩內正銀叁千柒百肆拾兩肆錢陸釐伍絲肆忽肆微捌沙陸塵陸渺水脚銀壹拾壹兩玖錢柒釐叁絲貳微柒纖貳沙肆渺叁漠解費銀柒拾肆兩捌錢捌釐壹毫貳絲壹忽捌纖捌沙壹塵柒渺肆漠

本縣解各衙門銀數

均徭

撫院項下轎傘夫銀柒拾壹兩叁錢捌分解費銀壹兩肆錢貳分柒釐陸毫閏月銀伍兩玖錢肆分捌釐壹毫叁絲經制原編銀捌拾伍兩柒錢捌分於順治拾叁年裁銀拾肆兩肆錢解部

撫院項下原編牙兵改編冊房寫本吏銀捌錢陸分叁釐解費銀壹分柒釐貳毫陸絲此項准部駁全書簽開撫院已有額派書吏廩給何得又設此項寫本吏工食銀兩應裁解部充餉

按院項下廩給副本等銀貳拾伍兩水腳銀壹錢編增心紅銀陸兩解費銀陸錢貳分准部駁全書應裁解部充餉

學院供應銀捌兩捌錢叁分叁釐叁絲捌忽陸微加

編銀柒兩玖分水脚銀叁分伍釐叁毫叁絲解費

銀叁錢壹分捌釐肆毫陸絲柒微柒纖貳沙遇閏

加銀壹兩叁錢貳分陸釐玖毫貳絲

蘇松學院供應銀貳兩捌錢叁分叁釐肆毫

漕院項下邳州供應銀肆兩捌錢伍釐

江南供應機房柴夫脚價銀肆拾捌兩伍錢貳分貳

毫叁絲解費銀玖錢柒分肆毫肆忽陸微

江南供應機房修理機張渠泛絲價銀貳百兩解費

銀肆兩

江南供應機房下程人役工食銀壹百壹兩伍錢解
費銀貳兩叁分
江南布政司曆日銀壹拾陸兩叁錢水脚銀叁錢貳
分陸釐
江南布政司朝
覲路費紙張叁年共銀拾兩每年徵銀叁兩叁錢叁分叁
釐叁毫
江南按察司朝
覲路費紙張叁年共銀壹兩伍錢每年徵銀伍錢

以上解各衙門自撫院轎傘扇夫起至按察司朝覲
止計拾貳款共銀伍百貳拾壹兩肆錢玖分壹釐
貳絲叁忽玖微柒纖貳沙內准部駁賦役全書簽
開應裁撫院寫本吏轎夫按院監生廩糧副本等
項叁款共銀肆拾柒兩貳錢捌分捌釐貳毫陸絲
附後裁省數內解部充餉
實解各衙門銀肆百柒拾肆兩貳錢貳釐柒毫陸絲
叁忽玖微柒纖貳沙遇閏加銀捌兩肆錢柒分伍
釐貳毫陸絲

本縣解給府縣各員俸薪銜役工食銀數

本府知府員下分派本縣

獄卒貳名每名銀陸兩共銀壹拾貳兩遇閏加銀壹兩經制原每名銀柒兩貳錢今每名裁銀壹兩貳錢共裁銀貳兩肆錢解部

本府同知員下分派本縣

修宅家伙銀壹拾伍兩壹分陸釐陸毫柒絲此項於順治柒年柒月初貳日奉文裁汰同知應裁銀拾兩解部續於順治拾貳年肆月內會議又裁銀伍兩壹分陸釐陸毫柒絲解部充餉

門子壹名銀柒兩貳錢此項於順治柒年柒月初貳日裁汰同知其銀應裁解部

充餉

本府通判員下分派本縣

皁圍傘扇銀叁拾貳兩伍錢此項於順治柒年柒月初貳日裁汰通判全裁

充餉

書辦壹拾貳名每名銀陸兩共銀柒拾貳兩遇閏加

銀陸兩經制原編書辦叁拾陸名每名銀拾兩捌錢共銀叁百捌拾捌兩捌錢內於順治柒年柒月初貳日裁汰通判應裁貳拾肆名共銀貳百伍拾玖兩貳錢解部又於順治玖年每名裁銀肆兩捌錢共銀伍拾柒兩陸錢解部

門子柒名經制原每名銀柒兩貳錢共銀伍拾兩肆

錢此項於順治柒年柒月初貳日全裁改解部

步快貳拾名經制原每名銀柒兩貳錢共銀壹百肆拾肆兩此項於順治柒年柒月初貳日全裁解部

皂隸柒名經制原每名銀柒兩貳錢共銀伍拾兩肆錢此項於順治柒年柒月初貳日全裁解部

燈夫貳名每名銀陸兩共銀拾貳兩遇閏加銀壹兩經制原每名銀柒兩貳錢今每名裁銀壹兩貳錢共裁銀貳兩肆錢解部

轎傘扇夫拾肆名每名銀陸兩共銀捌拾肆兩遇閏加銀柒兩經制原每名銀柒兩貳錢今每名裁銀壹兩貳錢共裁銀壹拾陸兩捌錢改解

戶部

本府推官員下分派本縣

皁圍傘扇銀壹拾兩此項於順治拾貳年肆月內裁銀捌兩改解戶部續於順治拾叁年玖月內部覆　題定續裁銀貳兩併入俸薪內改解戶部

書辦捌名每名銀陸兩共銀肆拾捌兩遇閏加銀肆兩經制原每名銀拾兩捌錢今每名裁銀肆兩捌錢共裁銀叁拾捌兩肆錢改解戶部

門子貳名每名銀陸兩共銀拾貳兩遇閏加銀壹兩經制原每名銀柒兩貳錢今每名裁銀壹兩貳錢共銀貳兩肆錢解部

步快捌名每名銀陸兩共銀肆拾捌兩遇閏加銀肆兩

經制原每名銀柒兩貳錢今每名裁銀壹兩貳錢共銀玖兩陸錢改解

戸部

皂隷拾貳名每名銀陸兩共銀柒拾貳兩遇閏加銀陸兩

經制原每名銀柒兩貳錢今每名裁銀壹兩貳錢共裁銀拾肆兩肆錢改解

戸部

燈夫貳名每名銀陸兩共銀拾貳兩遇閏加銀壹兩

經制原每名銀柒兩貳錢今每名裁銀壹兩貳錢共裁銀貳兩肆錢解部

轎傘扇夫柒名每名銀陸兩共銀肆拾貳兩遇閏加

銀叁兩伍錢經制原每名銀柒兩貳錢今每名裁銀壹兩貳錢共裁銀捌兩肆錢吹解

戸部

本府經歷員下分派本縣

俸銀貳拾叁兩柒錢玖分肆釐玖毫陸絲遇閏加銀壹兩玖錢捌分貳釐玖毫貳絲

皂隸肆名每名銀陸兩共銀貳拾肆兩遇閏加銀貳兩經制原每名銀柒兩貳錢今裁銀壹兩貳錢共銀肆兩捌錢解部

本府知事員下分派本縣

俸銀貳拾壹兩壹錢壹分肆釐遇閏加銀壹兩柒錢

伍分玖釐伍毫

皁隸貳名每名銀陸兩共銀拾貳兩遇閏加銀壹兩

經制原每名銀柒兩貳錢今每名裁銀壹兩貳錢共裁銀貳兩肆錢解部

馬夫壹名銀陸兩遇閏加銀伍錢經制原每名銀柒兩貳錢今裁銀壹兩貳錢攺解戶部

本府照磨員下分派本縣

俸銀壹拾玖兩伍錢貳分遇閏加銀壹兩陸錢貳分陸釐陸毫柒絲

本府檢校員下分派本縣

俸銀壹拾玖兩伍錢貳分遇閏加銀壹兩陸錢貳分

陸釐陸毫柒絲

本府司獄司員下分派本縣

俸銀壹拾玖兩伍錢貳分遇閏加銀壹兩陸錢貳分

陸釐陸毫柒絲

本府廣積庫朝陽司副使貳員下分派本縣

俸銀每員銀拾玖兩伍錢貳分共銀叁拾玖兩肆分

遇閏加銀叁兩貳錢伍分叁厘叁毫貳絲

本府都稅司聚寶宣課司龍江宣課司江東宣課司常

平倉茶引所龍江鈔關遞運所大使捌員下分派
俸銀玖拾壹兩捌錢柒分壹釐伍毫肆絲遇閏加銀
柒兩陸錢伍分伍釐玖毫陸絲經制原派本縣各員下俸銀叁拾柒兩捌錢柒分壹釐伍毫肆絲續於順治拾叁年玖月內部覆　題定將薪銀伍拾肆兩併俸銀支給

本府江東秣陵江淮叁司巡檢叁員下分派本縣
俸銀貳拾貳兩遇閏加銀壹兩捌錢叁分叁釐叁毫
叁絲

本府儒學教官員下分派本縣
學書壹名銀柒兩貳錢遇閏加銀陸錢

本縣知縣員下照經費新編

俸銀肆拾伍兩遇閏加銀叁兩柒錢伍分　經制原編俸銀貳拾柒兩肆錢玖分於順治拾叁年玖月貳拾陸日部覆　題定將薪銀拾柒兩伍錢壹分以足前數

薪銀拾捌兩肆錢玖分　經制原編薪銀叁拾陸兩准部議撥銀拾柒兩伍錢壹分

添入俸內支給餘銀拾捌兩肆錢玖分改解戶部充餉

心紅紙張銀貳拾兩遇閏加銀壹兩陸錢陸分陸釐陸毫柒絲　經制原編心紅紙張油燭銀叁拾兩於順治拾叁年玖月貳拾陸日部覆　題

定將油燭銀壹拾兩改解戶部充餉

修宅家伙銀貳拾兩　於順治玖年肆月會議全裁今奉文撥抵江淮東葛貳驛浙省

馬
價

迎送上司傘扇銀拾兩於順治拾貳年肆月內會議裁銀捌兩改解戶部續於順治拾叁年玖月貳拾陸日部覆題定裁銀貳兩改解戶部充餉

吏書拾貳名每名銀陸兩共銀柒拾貳兩遇閏加銀陸兩經制原每名銀拾兩捌錢今每名裁銀肆兩捌錢共裁銀伍拾柒兩陸錢今奉文撥抵江淮東葛貳縣浙省馬價

門子貳名每名銀陸兩共銀拾貳兩遇閏加銀壹兩經制原每名銀柒兩貳錢今每名裁銀壹兩貳錢共銀貳兩肆錢今奉文撥抵江淮驛浙省馬價

皂隸拾陸名每名銀陸兩共銀玖拾陸兩遇閏加銀

捌兩經制原每名銀柒兩貳錢今每名裁銀壹兩貳錢共裁銀壹拾玖兩貳錢今奉文撥抵江淮東葛貳驛浙省馬價

馬快捌名每名連草料銀拾陸兩捌錢共銀壹百叁拾肆兩肆錢遇閏加銀拾壹兩貳錢經制原每名工食并草料銀拾捌兩案准總督部院馬咨准戶部咨開除每名歲支草料銀拾兩捌錢工食銀柒兩貳錢今每名止裁工食銀壹兩貳錢共裁銀玖兩陸錢今奉文撥抵江淮東葛貳驛浙省馬價

民壯伍拾名每名銀陸兩共銀叁百兩遇閏加銀貳拾伍兩經制原每名銀柒兩貳錢今每名裁銀壹兩貳錢共裁銀陸拾兩內解部銀肆拾壹兩捌錢柒分又於順治拾年閏陸月內准部文撥抵江淮驛浙省馬價銀壹拾捌兩壹錢叁分

燈夫肆名每名銀陸兩共銀貳拾肆兩遇閏加銀貳

兩經制原每名銀柒兩貳錢今每名裁銀壹兩貳錢共裁銀肆兩捌錢今奉文撥抵江淮東葛貳

驛浙省

馬價

看監禁卒捌名每名銀陸兩共銀肆拾捌兩遇閏加

銀肆兩經制原每名銀柒兩貳錢今每名裁銀壹兩貳錢共裁銀玖兩陸錢今奉文撥抵江

淮東葛貳驛

浙省馬價

修理倉監銀貳拾兩

轎傘扇夫柒名每名銀陸兩共銀肆拾貳兩遇閏加

銀叁兩伍錢經制原每名銀柒兩貳錢今每名裁銀壹兩貳錢共裁銀捌兩肆錢今奉

文撥抵江淮東葛
貳驛浙省馬價

庫書壹名銀陸兩遇閏加銀伍錢經制原編銀拾貳兩今裁銀陸兩奉
文撥抵江淮東葛
貳驛浙省馬價

倉書壹名銀陸兩遇閏加銀伍錢經制原編銀拾貳兩今裁銀陸兩奉
文撥抵江淮東葛
貳驛浙省馬價

庫子肆名每名銀陸兩共銀貳拾肆兩遇閏加銀貳兩經制原每名銀柒兩貳錢今每名裁銀壹兩貳錢共裁銀肆兩捌錢今奉文撥抵江淮東葛貳
驛浙省
馬價

斗級肆名每名銀陸兩共銀貳拾肆兩遇閏加銀貳

兩經制原每名銀柒兩貳錢今每名裁銀壹兩貳錢共裁銀肆兩捌錢今奉文撥抵江淮東葛貳驛浙省

馬價

本縣縣丞員下照經費新編

俸銀肆拾兩遇閏加銀叁兩叁錢叁分叁釐叁毫肆絲經制原編俸銀貳拾肆兩貳錢貳釐於順治拾叁年玖月貳拾陸日部覆　題定將薪銀壹拾伍兩柒錢玖分捌釐添入俸銀支給

薪銀捌兩貳錢貳釐經制原編薪銀貳拾肆兩准部議撥銀拾伍兩柒錢玖分捌釐添入俸內餘銀捌兩叁錢貳釐解部充餉

書辦壹名銀陸兩遇閏加銀伍錢經制原編銀柒兩貳錢今裁銀壹兩

貳錢奉文撥抵江淮
東葛貳驛浙省馬價

門子壹名銀陸兩遇閏加銀伍錢經制原編銀柒兩貳錢今裁銀壹兩
貳錢奉文撥抵江淮
東葛貳驛浙省馬價

皂隸肆名每名銀陸兩共銀貳拾肆兩遇閏加銀貳兩經制原每名銀柒兩貳錢今裁每名銀壹兩貳錢共裁銀肆兩捌錢今奉文撥抵江淮東葛貳
驛浙省
馬價

馬夫壹名銀陸兩遇閏加銀伍錢經制原編銀柒兩貳錢今裁銀壹兩
貳錢奉文撥抵江
淮東葛浙省馬價

本縣典史員下照經費新編

俸銀叁拾壹兩伍錢貳分遇閏加銀貳兩陸錢貳分陸釐陸毫陸絲　經制原編俸銀壹拾玖兩伍錢貳分於順治拾叁年玖月貳拾陸日部覆　題定將薪銀拾貳兩添入俸銀支給以足前數

書辦壹名銀陸兩遇閏加銀伍錢　經制原編銀柒兩貳錢今裁銀壹兩貳錢奉文撥抵江淮東葛貳驛浙省馬價

門子壹名銀陸兩遇閏加銀伍錢　經制原編銀柒兩貳錢今裁銀壹兩貳錢奉文撥抵江淮東葛貳驛浙省馬價

皂隸肆名每名銀陸兩共銀貳拾肆兩遇閏加銀貳兩　經制原每名銀柒兩貳錢今裁銀壹兩貳錢共銀肆兩捌錢奉文撥抵江淮驛浙省馬價

馬夫壹名銀陸兩遇閏加銀伍錢經制原編銀柒兩貳錢今裁銀壹兩貳錢奉文撥抵江淮東葛貳驛浙省馬價

本縣儒學教諭壹員訓導壹員照經費新編俸銀各叁拾壹兩伍錢貳分共銀陸拾叁兩肆分遇閏加銀伍兩貳錢伍分叁釐叁毫叁絲經制原每員俸銀壹拾玖兩伍錢貳分共銀叁拾玖兩肆分於順治拾叁年玖月貳拾陸日部覆　題定將每員薪銀壹拾貳兩添入俸銀支給以足前數

齋夫陸名每名銀拾貳兩共銀柒拾貳兩遇閏加銀陸兩

門子伍名每名銀柒兩貳錢共銀叁拾陸兩遇閏加

銀叁兩

學書壹名銀柒兩貳錢遇閏加銀陸錢

教官貳員喂馬草料銀各拾貳兩共銀貳拾肆兩遇

閏加銀貳兩

本縣廪生膳夫貳名每名銀貳拾兩共銀肆拾兩遇

閏加銀叁兩叁錢叁分叁釐叁毫叁絲查此項案

准戶部咨

開膳夫每學貳名共銀肆拾兩經費開載甚明此

指縣學廪生貳拾名爲言也如州廪叁拾名應支

銀陸拾兩府廪肆拾名應支銀捌拾兩自當挨數

遞增載入全書至於教官從無支膳銀之例難以

准從等因查縣廩生貳拾名每名銀貳兩共銀肆拾兩相應註明照數支給

以上自本府獄卒起至本縣廩生膳夫銀止計共陸拾貳款共銀貳千玖百玖拾玖兩叁錢肆分玖釐壹毫柒絲内

於順治柒年柒月初貳日准

部咨議裁汰本府同知通判脩宅家伙桌圍傘扇人役工食等銀伍百伍拾叁兩柒錢

又於順治玖年肆月内准

部咨會議裁扣府縣人役工食并本縣修宅家伙

等項銀叁百玖拾叁兩貳錢
又於順治拾貳年肆月內准
部咨會議裁扣本府同知修宅家伙推官并本縣
迎送上司臬圍傘扇等項銀貳拾壹兩壹分陸釐
陸毫柒絲
又於順治拾叁年玖月內准
部覆
題定照滿官對品支俸應裁本府推官臬圍傘扇并本
縣知縣縣丞薪銀油燭迎送上司傘扇除抵俸銀

外餘銀肆拾兩陸錢玖分貳釐以上肆欵共裁銀
壹千零捌兩陸錢捌釐陸毫柒絲內於順治拾年
閏陸月內准
江南總督部院馬　題爲調劑驛困豖除民艱事
准
部覆准撥給江淮東葛二驛抵兌浙省馬價銀壹
百捌拾捌兩壹錢叁分實裁銀捌百貳拾兩肆錢
柒分捌釐陸毫柒絲附後裁省數內攺解戶部
實支給銀壹千玖百玖拾兩柒錢肆分伍毫遇閏加

銀壹百陸拾肆兩貳錢貳分捌釐叁毫陸絲

本縣存留照舊支解銀數

走遞夫壹百貳拾名皂隸貳拾名俱每名銀柒兩貳錢共銀壹千捌兩遇閏加銀伍拾陸兩於順治拾叁年玖月內奉　部文裁夫皂銀叁分之壹應裁銀叁百叁拾陸兩改解戶部

走遞馬陸拾陸匹每匹銀拾捌兩共銀壹千壹百捌拾捌兩遇閏加銀陸拾陸兩於順治拾叁年玖月內奉　部文裁叁分之一應裁銀叁百玖拾陸兩解部

文廟山川社稷等壇祭祀銀壹百壹拾柒兩玖錢此項

銀兩於順治肆年該前撫院訂正經制裁銀伍拾捌兩玖錢伍分免派於民今奉　部駁全書發開
文廟等祭祀向來額編爲數無幾何得免編應照舊編用等因遵將原銀壹百壹拾柒兩玖錢分給
文廟啟聖鄉賢貳祠貳祭銀伍拾玖兩伍錢陸分
山川社稷貳壇貳祭銀叁拾兩伍錢玖分
邑厲壇叁祭銀貳拾叁兩貳錢
伍分表忠祠貳祭銀肆兩伍錢
新進士牌坊銀壹拾捌兩肆錢柒分壹釐柒毫
中式舉人牌坊銀貳拾捌兩貳錢叁釐叁毫玖絲
本縣儒學廩生貳拾名每名銀拾貳兩共銀貳百肆拾兩香燭銀肆兩捌錢遇閏加銀陸兩陸錢陸分陸釐陸毫陸絲　於順治拾叁年玖月內奉

旨裁叁分之貳應裁銀壹百陸拾兩改解戶部

歲類考生員合用試卷等銀壹拾叁兩叁錢叁分叁釐叁毫叁絲於順治拾叁年玖月內會議裁銀陸兩陸錢陸分陸釐陸毫陸絲伍忽改解戶部

應試生員卷資盤纏銀玖兩於順治拾叁年玖月內會議裁銀肆兩伍錢改解戶部

舊舉人會試盤纏銀叁拾伍兩貳錢伍分肆釐貳毫

科舉對讀謄錄等銀壹拾壹兩陸錢陸分陸釐陸毫於順治拾叁年玖月內會議裁銀伍兩捌錢叁分叁釐叁毫改解戶部

本府應
朝盤纏紙劄銀壹拾兩於順治拾叁年玖月會議裁叁分之貳應裁銀陸兩陸錢陸分陸釐陸毫陸絲陸忽改解户部
本縣應
朝盤纏銀知縣陸拾兩典史貳拾兩吏書各捌兩本冊紙劄銀拾伍兩叁年共銀壹百壹拾壹兩每年徵銀叁拾柒兩於順治拾叁年玖月内會議裁叁分之貳應裁銀貳拾肆兩陸錢陸分陸釐柒毫改解户部
本縣孤貧捌拾陸名每名給柴布銀壹兩共銀捌拾

陸兩於順治拾叁年玖月會議全裁改解戶部

科舉考官鹿鳴等宴修理等銀肆拾捌兩捌錢壹分玖釐陸忽

本府鋪兵貳名每名銀柒兩貳錢共銀壹拾肆兩肆錢遇閏加銀壹兩貳錢

本府陰陽生壹名銀肆兩捌錢遇閏加銀肆錢

本縣鋪司兵柒拾叁名共銀伍百肆兩奉文加編銀壹百肆拾壹兩玖錢壹分貳釐原額新增共銀陸百肆拾伍兩玖錢壹分貳釐遇閏加銀伍拾叁兩

捌錢貳分陸釐　此項原編舖司兵柒拾叁名內縣前廟塘等舖肆拾陸名每名銀柒兩貳錢勝水等舖貳拾柒名每名銀陸兩肆錢共銀伍百肆兩於順治肆年申詳蒙撫按貳院批允每名增銀壹兩玖錢肆分肆釐共增銀壹百肆拾壹兩玖錢壹分貳釐貳項共銀陸百肆拾伍兩玖錢壹分貳釐

鄉飲酒席銀貳拾兩　此項銀兩於順治玖年間訂正全書酌留銀拾陸兩裁銀肆兩於順治拾壹年內蒙驛鹽道牌開據句容縣申詳雲龍貳驛鈌額馬價奉巡撫部院周　批行司道酌妥裁欵蒙　本部院撥補龍潭驛站銀又於順治拾叁年玖月貳拾陸日部覆　題定裁銀捌兩改解戶部

本縣儒學廩生膳夫貳名共銀肆拾捌兩　查此項先准部議裁

叅分之貳應裁銀叅拾貳兩餘銀拾陸兩仍給廩生今准戶部駁簽開查經費錄內

欽定每學膳夫貳名每名工食銀貳拾兩共銀肆拾兩此係廩生支領應於款下註明此項多開銀兩改裁解部等因查縣廩膳夫銀兩前項支領餘銀拾陸兩撥補龍潭驛站銀抵兌安慶府歸漕項米折銀

桃符門神銀伍兩 此項銀兩先裁銀貳兩解部充餉又於

順治拾叅年玖月貳拾陸日部覆

題定裁銀壹兩伍錢改解戶部

歲貢生員路費銀叅拾兩 此項於順治玖年訂正全書貳年壹貢每年應編銀貳拾兩裁銀拾兩蒙驛鹽道牌開據句容縣申詳雲龍貳驛缺額馬價奉

巡撫部院周　批行司道酌妥裁欵蒙

本部院撥補雲龍貳驛缺額站銀

季考試卷銀貳拾兩 於順治拾叅年玖月貳拾陸日部覆　題定裁銀拾兩解部

文廟朔望行香講書紙筆墨銀柒兩貳錢於順治玖年肆月內
會議全裁
改解戶部
本縣條編折色項下合用由票紙劄銀貳拾叁兩於順
治玖年訂正全書酌留銀拾兩刊刻由单紙張須
布小民裁銀拾叁兩奉文改給　撫院冊房抄案
吏紙張工食之用今奉　部駁全書簽開撫院已
有額定經費何得又留銀拾叁兩以作抄案吏紙
張之用改
解戶部
本縣察院門子伍名每名銀叁兩共銀壹拾伍兩遇
閏加銀伍錢於順治玖年訂正全書裁銀玖兩掌
驛鹽道牌開據句容縣申詳雲龍貳
驛馬價奉　巡撫部院周　批行司道會同酌妥
裁欵掌　本部院撥補龍潭驛站銀實存銀陸兩

秣陵鎮弓兵肆名每名銀柒兩貳錢共銀貳拾捌兩捌錢遇閏加銀壹兩貳錢此項原額弓兵捌名每名銀陸兩共銀肆拾捌兩於順治玖年訂正全書酌留肆名每名銀柒兩貳錢共銀貳拾捌兩捌錢餘銀壹拾玖兩貳錢蒙驛鹽道牌開據句容縣申詳雲龍貳驛鈌額馬價奉　巡撫部院周　批行司道會同酌妥裁款蒙本部院撥補龍潭驛站銀又於順治拾叁年玖月貳拾柒日奉

旨裁銀壹拾肆兩肆錢改解户部充餉

江寧鎮弓兵伍名每名銀柒兩貳錢共銀叁拾陸兩遇閏加銀壹兩伍錢此項原額弓兵拾名每名銀陸兩共銀陸拾兩於順治玖年訂正全書酌留伍名每名銀柒兩貳錢共銀叁拾陸兩餘銀貳拾肆兩蒙驛鹽道牌開據句容縣

申詳雲龍貳驛缺額馬價奉　巡撫部院周　批
行司道會同酌妥裁欵蒙　本部院撥補龍潭驛
站銀又於順治拾叁年玖月貳拾柒日奉
旨扣裁銀壹拾捌兩改解戶部實存銀拾捌兩

江淮巡檢司弓兵柒名內　操院取用哨手壹名銀
拾兩水脚銀伍分在司弓兵陸名每名銀柒兩貳
錢共銀肆拾叁兩貳錢遇閏加銀貳兩陸錢叁分
叁釐叁毫肆絲　此項原額弓兵捌名內　操院取
用哨手壹名銀拾兩在司柒名每
名銀柒兩貳錢共銀伍拾兩肆錢外水脚銀伍分
於順治玖年訂正全書酌留在司弓兵陸名每名
銀柒兩貳錢共銀肆拾叁兩貳錢餘銀柒兩貳錢
蒙驛鹽道牌開據句容縣申詳雲龍貳驛缺額馬
價奉　巡撫部院周　批行司道會同酌妥裁欵
蒙　本部院撥補龍潭驛馬價又於順治拾叁年

玖月內奉
旨扣裁銀貳拾壹兩陸錢改解戶部實存銀貳拾壹兩陸錢

江東巡檢司弓兵肆名每名銀柒兩貳錢共銀貳拾捌兩捌錢遇閏加銀壹兩貳錢此項原額弓兵陸名共銀肆拾叁兩貳錢於順治玖年訂正全書酌留弓兵肆名每名銀柒兩貳錢共銀貳拾捌兩捌錢餘銀拾肆兩肆錢歸驛鹽道牌開據句容縣申詳雲龍貳驛缺額馬價奉　巡撫部院周　批行司道會同酌妥裁款歸　本部院撥補龍潭驛站銀又於順治拾叁年玖月內奉
旨裁扣銀拾肆兩肆錢改解戶部

恤刑供應銀伍兩貳錢伍分捌釐伍絲此項於順治玖年訂正全

書議裁蒙驛鹽道詳開據句容縣申詳雲龍貳驛
缺額馬價奉　巡撫部院周　批行司道會同酌
妥裁欵蒙　本部院
撥補龍潭驛站銀

安慶府倉折色米陸拾伍石捌斗捌升每石折銀伍
錢柒分伍釐共銀叁拾柒兩捌錢捌分壹釐火耗
銀叁錢柒分捌釐捌毫壹絲　此項銀兩從未解該
府於順治玖年訂正
全書議裁先蒙　巡撫部院周　批行司道會同
酌妥裁欵蒙　本部院撥補龍潭驛馬價續於順
治拾伍年拾壹月內據安慶府申詳安慶衛屯丁
黃堅如等連名稟詞爲懇賜轉詳以足漕運錢糧
事該前總漕部院蔡　題將江寧協濟漕項仍歸
漕用部覆奉有依議之
旨欽遵在案照舊協濟安慶府屬領運官丁行月貳
糧至於雲龍貳驛缺額馬價淸查別項抵補

本府抄案銀壹拾柒兩柒錢捌分捌釐叁毫此項於順治玖年訂正全書議裁掌驛鹽道牌開據句容縣申詳雲龍貳驛鈌額馬價奉　巡撫部院周　批行司道會同酌妥裁欵掌本部院撥補龍潭驛站銀

本府鹽糧銀貳百玖兩伍錢貳分此項於順治玖年訂正全書議裁掌驛鹽道牌開據句容縣申詳雲龍貳驛鈌額馬價奉　巡撫部院周　批行司道會同酌妥裁欵掌本部院撥補龍潭驛站銀兩

本府撥剩銀柒拾肆兩柒錢伍分柒釐壹毫叁絲貳忽壹微柒纖肆沙玖渺柒漠此項奉　部駁全書簽開各府巳有額定經費何得又留撥剩銀兩解部充餉

本縣備用銀壹百兩此項於順治玖年訂正全書議裁銀伍拾兩蒙驛鹽道牌開據句容縣申詳雲龍貳驛缺額馬價奉　巡撫部院周　批行司道會同酌妥裁欵蒙　本部院撥補龍潭驛站銀又於順治拾叁年玖月內奉
旨抑裁銀伍拾兩改解部餉

供應過往上司下程小飯中火等銀叁百兩此項原額銀叁百陸拾兩內改編協濟棠邑驛馬價銀陸拾兩列前項於驛站欵實編銀叁百兩於順治玖年訂正全書議裁銀壹百伍拾兩蒙驛鹽道牌開據句容縣申詳雲龍貳驛缺額馬價奉　巡撫部院周　批行司道會同酌妥裁欵蒙　本部院撥補龍潭驛站銀實存銀壹百伍拾兩

學院考試武生供應銀拾兩於順治拾叁年玖月貳拾柒日奉
旨裁抑銀伍兩改解戶部

武場供應叁年共銀伍拾兩每年徵銀壹拾陸兩陸錢陸分陸釐陸毫陸絲於順治拾叁年玖月内准部議裁銀捌兩叁錢叁分叁釐叁毫叁絲改解戶部充餉

修城夫料銀壹百陸拾兩解費銀叁兩貳錢此項原解本府貯庫修理馴象等門城瓺支用今仍貯本府聽候督撫貳院動支修理本省各處城垣年終報銷

以上存縣支給自走遞夫皂起至修城夫料銀兩止計叁拾玖款共銀肆千捌百叁拾陸兩捌錢陸分陸毫

柒絲捌忽壹微柒纖肆沙玖渺柒漠內於順治拾
叁年玖月內准部覆　題定扣裁府縣應　朝鄉
飲桃符考校科舉生員廩膳孤貧柴布弓兵工食
等項共銀肆百柒拾柒兩伍錢陸分陸釐陸毫陸
絲壹忽又續裁走遞夫馬銀柒百叁拾貳兩又准
部駁全書簽開應裁本府撥剩本縣由票改編撫
院冊房抄案吏貳項銀捌拾柒兩柒錢伍分柒釐
壹毫叁絲貳忽壹微柒纖肆沙玖渺柒漠以上叁
項附後裁省數內改解戶部充餉外又該前巡撫

部院周　咨明　內部准撥補雲龍貳驛鈌額馬價銀伍百叁拾陸兩叁錢陸分陸釐叁毫伍絲已入前項驛站　欵內支給餘剩銀玖兩貳錢解部

實支給銀貳千玖百玖拾叁兩玖錢柒分叁絲伍忽

遇閏加銀壹百玖拾壹兩壹錢貳分陸釐肆絲

本縣解布政司轉解戶部裁剩舊編各衙門俸薪工食等項銀數

撫院項下冊房寫本吏轎夫銀壹拾伍兩貳錢陸分叁釐解費銀叁錢伍釐貳毫陸絲

按院項下監生廪給副本等銀叁拾壹兩柒錢貳分
本府知府獄卒銀貳兩肆錢
本府同知修宅家伙銀貳拾貳兩貳錢壹分陸釐陸
毫柒絲
本府推官桌圍傘扇等銀捌拾伍兩陸錢
本府通判桌圍傘扇等銀陸百壹拾叁兩叁錢
本府知事皂隸馬夫銀叁兩陸錢
本縣知縣薪油燭桌圍等銀捌拾兩叁錢陸分
本縣縣丞薪銀捌兩貳錢貳釐
本縣走遞夫皂銀叁百叁拾陸兩

考校科塲修造棚厰工食花紅等項共銀肆拾柒兩

伍錢叁分叁釐貳毫玖絲伍忽

府縣應朝銀叁拾壹兩叁錢叁分叁釐叁毫陸絲陸忽

經歷皂隷銀肆兩捌錢

本縣孤貧柴布銀捌拾陸兩

本縣走遞馬銀叁百玖拾陸兩

鄉飲酒席銀捌兩

桃符門神銀叁兩伍錢

撫院攺編抄案吏工食由票銀壹拾叁兩

各巡檢司弓兵銀陸拾捌兩肆錢

本府撥剩銀柒拾肆兩柒錢伍分柒釐壹毫叁絲貳忽壹微柒纖肆沙玖渺柒漠

本縣備用銀伍拾兩

本縣儒學生員廪糧膳夫銀壹百玖拾貳兩

本縣通共總裁銀貳千壹百柒拾肆兩貳錢玖分零柒毫貳絲叁忽壹微柒纖肆沙玖渺柒漠

外不在丁田派徵

雜辦項下通共該徵銀貳百肆拾玖兩伍錢柒分壹毫
玖忽捌微叁沙遇閏加銀肆兩捌分陸釐柒毫陸
絲伍忽捌微陸纖內

牧馬草場出辦

兵部民牧馬草場田地山塘壹百伍拾肆頃貳拾貳
畝捌分伍釐貳毫共徵銀肆拾叁兩貳錢貳分捌
釐玖毫捌絲叁微水脚銀肆錢叁分貳釐貳毫捌
絲玖忽捌微叁沙此項解布政司轉解兵部

漁戶出辦

工部都水司折色黄蔴貳千伍百伍拾叁觔貳兩每
觔折銀貳分叁釐共銀伍拾捌兩柒錢貳分壹釐
捌毫柒絲伍忽遇閏加蔴柒拾壹觔柒兩該銀壹
兩陸錢肆分叁釐陸絲貳忽伍微
工部都水司白蔴壹千玖百柒拾肆觔貳兩叁錢遇
閏加蔴伍拾捌觔捌兩陸錢内該
叁分本色白蔴伍百玖拾貳觔叁兩捌錢玖分每觔
價銀叁分共銀壹拾柒兩柒錢陸分柒釐貳毫玖
絲叁忽柒微伍纖遇閏加蔴壹拾柒觔捌兩玖錢

捌分共銀伍錢伍分叁釐捌絲柒忽伍微

柒分折色白蔴壹千叁百捌拾壹觔壹拾肆兩肆錢

壹分每觔折銀叁分共銀肆拾壹兩肆錢伍分柒

釐壹絲捌忽柒微伍纖遇閏加蔴肆拾觔拾伍兩

陸錢貳分共銀壹兩貳錢貳分玖釐貳毫捌絲柒

忽伍微

工部都水司魚線膠壹百肆觔貳兩捌錢肆分遇閏

加膠貳觔拾貳兩陸錢肆分內該

叁分本色魚線膠叁拾壹觔肆兩伍分貳釐每觔價

銀捌分共銀貳兩伍錢貳毫陸絲遇閏加膠拾叁兩叁錢玖分貳釐該銀陸分陸釐玖毫陸絲

柒分折色魚線膠柒拾貳觔拾肆兩柒錢捌分捌釐每觔折銀捌分共銀伍兩捌錢叁分叁釐玖毫肆絲遇閏加膠壹觔拾伍兩貳錢肆分捌釐該銀壹錢伍分陸釐貳毫肆絲　此項原載全書蔴料銀壹百貳拾叁兩肆錢玖分壹釐柒毫伍絲貳忽捌微柒纖伍塵水脚銀壹兩貳錢叁分肆釐玖毫壹絲柒忽伍微於順治拾壹年肆月內准工部咨開覆查冊內開載錢糧項款數目比本部印冊皆多寡參差不一從來錢糧有一之規似此額數不符完欠最難稽核　題請自拾壹年為始將本折錢糧項款數目逐一開列頒發

該省永爲定例遵行在案再照以上本色白蔴魚
線膠貳項先於順治玖年拾月內准戶部咨開已
經具　題奉
旨各項本色責成布政司每年於壹兩月之前確查時值
據實估定申報督撫咨部查核一面徑行所屬州
縣照估定時價徵銀解交藩司遴委職官領銀採
買物料裝運解部今新奉
俞旨本色顏料各項令各屬自行採辦徑解內部已遵行
該州縣辦解至隨時增價逐年預先報明另編今
將舊編銀數照舊造入其不敷銀兩遵照估定時
價辦
解

漁課鈔銀伍兩貳錢伍分柒釐伍毫伍絲貳忽貳微
遇閏加銀肆錢叁分捌釐壹毫貳絲玖忽叁微陸
纖此項銀兩赴府掛號轉
解布政司留充南餉

以上漁戶辦解自工部折色黃蔴起至漁課鈔止計肆款共銀壹百叁拾壹兩伍錢叁分柒釐玖毫叁絲玖忽柒微遇閏加銀肆兩捌分陸釐柒毫陸絲伍忽捌微陸纖

工部班匠出辦

工部輪班人匠貳拾柒名每名銀肆錢伍分共銀壹拾貳兩壹錢伍分水脚銀壹錢貳分壹釐伍毫此項於順治貳年准部文免編順治拾伍年陸月內奉旨照舊徵解

學田

本縣學田肆項柒拾玖畝陸分肆釐叁毫壹絲共徵租銀陸拾貳兩玖分玖釐肆毫此項照舊催徵聽候學院支取刊刷考卷及賑濟本縣貧生之用

田地內減徵寬民欵項

本色漕糧免耗米數

京倉正兌免耗米肆千玖百叁拾陸石捌斗

改兌淮安府常盈倉免耗米壹千肆拾玖石柒斗

雜辦內減徵寬民欵項

課程

本縣額徵本色鈔貳千柒百壹拾壹貫壹千玖百壹拾伍文銅錢伍千肆百壹拾捌文折銀壹拾兩貳錢柒分叁釐玖毫陸絲遇閏加鈔壹百捌拾壹貫銅錢叁百柒拾玖文柒分折銀捌錢玖分玖釐伍毫柒絲捌忽伍微肆塵於官房租銀內徵解查此項於

順治叁年准　內院訂正經制改編前欵南餉項下田畝徵解其本欵免派於民

高淳縣

一縣田畝大總

原額田地山塘草場柳墩等項共柒千叁百叁拾玖頃陸拾陸畝捌分伍釐壹毫内

徵田肆千肆百柒拾伍頃玖拾柒畝陸分每畝起派本色南糧孤貧米肆合壹抄伍圭肆粟捌顆共徵本色米壹千柒百玖拾伍石壹斗捌合肆勺叁抄伍撮柒圭玖粟柒粒肆顆貳黍每畝起派稅糧條便荒曰幷玖釐地畝銀捌分伍毫叁忽柒微壹纖

玖沙叁塵共徵銀叁萬陸千叁拾叁兩貳錢捌分
壹釐伍毫伍絲肆沙柒塵陸漠
荒田陸拾貳頃肆拾畝玖釐貳毫每畝起派本色南
糧孤貧米肆勺陸抄陸撮叁圭肆粟壹粒玖顆伍
黍共徵米貳石玖斗壹升壹抄陸撮陸圭玖粟壹
粒肆顆叁黍每畝起派稅糧條鞭并玖釐地畝銀
玖釐壹毫叁絲捌纖叁沙陸塵肆渺共徵銀伍拾
陸兩玖錢柒分貳釐伍毫陸絲壹忽捌微柒纖捌
沙捌塵

徵地柒百伍拾玖頃柒拾陸畝肆分陸釐叁毫每畝
起派本色南糧孤貧米壹合壹勺陸抄伍撮捌圭
伍粟肆粒捌顆捌黍共徵本色米捌拾捌石伍斗
柒升柒合伍勺叁抄叁圭捌粟壹粒陸顆貳黍每
畝起派稅糧條鞭升玖釐地畝銀貳分貳釐捌毫
貳絲伍忽貳微玖沙玖渺玖漠共徵銀壹千柒百
叁拾肆兩壹錢柒分捌釐陸毫伍絲肆忽伍微柒
纖柒沙肆塵叁渺陸漠
丹陽湖蕩地壹拾貳頃玖拾叁畝陸分柒釐伍毫每

畝起派本色南糧孤貧米伍勺伍抄玖撮陸圭壹
粟叁顆肆黍共徵本色米柒斗貳升叁合玖勺伍
抄叁撮玖圭壹粟壹粒伍顆柒黍每畝起派稅糧
條鞭并玖釐地畝銀壹分玖毫伍絲陸忽壹微叁
塵陸渺柒漠共徵銀壹拾肆兩壹錢柒分叁釐陸
毫叁絲叁忽壹微肆纖貳沙玖塵伍渺壹漠
丹陽湖象草塲地貳百肆拾壹頃陸拾柒畝伍分伍
釐叁毫每畝起派本色南糧孤貧米貳勺叁抄叁
撮壹圭柒粟玖顆柒黍共徵本色米伍石陸斗叁

升伍合壹勺柒抄壹撮玖圭叁粟伍粒肆黍每畝
起派條鞭稅糧弁玖釐地畝、銀肆釐伍毫陸絲伍
忽肆纖壹沙捌塵貳渺共徵銀壹百壹拾兩叁錢
貳分伍釐捌毫玖絲壹微貳纖柒沙貳塵叁渺叁

漢

山塘柳墩壹千柒百捌拾陸頃玖拾壹畝肆分陸釐
捌毫每畝起派本色南糧孤貧米壹勺捌抄陸撮
伍圭叁粟陸粒柒顆捌黍共徵本色米叁拾叁石
叁斗叁升貳合伍勺叁抄壹撮貳圭捌粟貳粒玖

顆貳黍每畝起派稅糧條鞭并玖釐地畝銀叁釐

陸毫伍絲貳忽叁纖叁沙肆塵伍渺陸漠共徵銀

陸百伍拾貳兩伍錢捌分柒釐貳毫壹絲玖忽肆

徵玖沙壹塵陸渺叁漠

以上本縣田地山塘草塲柳墩各科則不等照起存

錢糧實數驗派共徵稅糧條鞭荒白并玖釐地畝

銀叁萬捌千陸百壹兩伍錢壹分玖釐伍毫玖忽

壹微肆纖貳塵捌渺玖漠

內除優免鄉紳舉貢生員吏承等戶銀柒拾肆兩

陸錢壹分叁釐壹毫捌絲壹忽伍微柒纖貳沙貳塵陸渺壹漠照得優免一項案准部文不免起解各部正供止免存留雜辦差徭錢糧但紳衿雜職間有陞遷事故逐年增減不一今照見在確數開載如有消長該縣預詳院司於每年派糧易知由單內再為增減報部查考續於順治拾伍年肆月內准部議停免改解戶部

實徵稅糧條鞭荒白并玖釐地畝銀叁萬捌千伍百貳拾陸兩玖錢陸釐叁毫貳絲柒忽伍微陸纖捌沙貳渺捌漠

實徵本色南糧孤貧米豆壹千玖百貳拾陸石貳斗捌升柒合陸勺肆抄

一縣人丁大總

原額人丁柒千伍百壹拾玖丁於順治伍年審增人丁壹百丁原額審增共人丁柒千陸百壹拾玖丁每丁一例徵銀壹錢伍分共徵銀壹千壹百肆拾貳兩捌錢伍分內除鄉紳舉貢生員吏承等戶優免人丁柒百壹拾貳丁共免銀壹百陸兩捌錢於順治拾伍年肆月內准部文止免鄉紳舉貢生員本身壹丁實免銀伍拾陸兩柒錢外餘人丁幷吏承不免銀伍拾兩零壹錢改解戶部

實在當差人丁陸千玖百柒丁共徵銀壹千叁拾壹

兩伍分

一縣田畝人丁大總

丁田共實徵夏稅秋糧地畝條鞭折色銀叁萬玖千伍百陸拾貳兩玖錢伍分陸釐叁毫貳絲柒忽伍微陸纖捌沙柒貳渺捌漠

夏稅銀伍百柒拾陸兩叁錢零捌釐玖絲壹忽貳微

伍纖内本色銀壹百捌拾兩叁分伍釐叁毫玖絲
柒忽伍微折色銀叁百玖拾陸兩貳錢柒分貳釐
陸毫玖絲叁忽柒微伍纖

秋糧銀叁萬捌千玖百捌拾陸兩陸錢肆分捌釐貳
毫叁絲陸忽叁微壹纖捌沙貳渺捌漠

戶部本折銀貳萬貳千柒百壹拾伍兩叁錢柒分捌
釐伍毫伍絲柒忽肆微柒纖柒沙陸塵

禮部折色銀肆百捌拾肆兩伍錢伍分

兵部折色銀叁千肆百玖拾壹兩貳錢

工部折色銀壹千伍百玖拾兩伍錢貳釐肆毫柒絲
伍忽
鋪墊銀貳拾柒兩玖錢壹分壹釐柒毫伍絲
四部本折水脚綱司解費等銀玖百叁拾叁兩伍錢
伍分伍釐玖毫捌絲肆忽玖纖玖沙叁塵貳渺捌
漠
改解南省折色并本色米豆項下綱司水脚門籌等
銀壹千壹百柒拾柒兩叁錢柒分肆釐叁絲伍忽
壹微伍纖伍沙貳塵

驛站項下夫馬共該銀壹千零陸拾伍兩伍釐

兵餉銀貳千伍百陸兩伍錢捌分玖釐玖毫叁絲捌

忽肆微貳纖捌塵伍渺肆漠

各衙門銀伍百玖拾玖兩玖錢玖分壹釐伍絲叁忽

叁微伍纖貳沙

經費銀壹千捌百壹兩柒分叁釐玖毫

存留支給銀壹千捌百捌拾捌兩玖錢壹分肆絲柒

忽玖微

裁省解部銀壹千貳百捌拾兩玖錢壹分叁釐伍

毫捌絲陸忽壹微陸纖叁沙肆渺陸漠

外優免丁糧貳項解部銀壹百貳拾肆兩柒錢壹分叁釐壹毫捌絲壹忽伍微柒纖貳沙貳塵陸渺壹漠

實徵本色南糧折徵米壹萬壹千玖百貳拾陸石貳斗捌升柒合陸勺肆抄內

本色留充本省兵馬米壹千柒拾玖石叁斗伍升柒合肆勺肆抄豆米百肆拾陸石壹斗叁升貳勺

本色存留孤貧米壹百石捌斗

外不在田畝人丁派徵

雜項出辦

兵部牧馬問地工部本折麻膠班匠本縣學田湖租

漁課鈔等項共銀陸百陸拾柒兩陸釐捌毫壹絲

貳忽伍微

本縣解布政司轉解四司折色銀數

夏稅折色起運

戸部項下折色

太倉庫麥折銀壹百貳拾兩水脚銀壹兩貳錢解費

銀貳兩肆錢　此項原額折色正麥壹百貳拾石每石折銀壹兩共銀壹百貳拾兩水脚銀壹兩貳錢解費銀貳兩肆錢

銀硃銀壹百陸拾壹兩陸錢貳分伍釐鋪墊銀伍兩

玖錢貳分陸釐貳毫伍絲水脚銀壹兩陸錢壹分

陸釐貳毫伍絲解費銀叁兩貳錢叁分貳釐伍毫

此項原解甲字庫本色銀硃玖拾觔每觔原編銀伍錢鋪墊銀壹錢壹分於順治拾年陸月內奉

旨除解本色外該折色銀硃伍拾叁觔拾肆兩每觔折銀叁兩共銀壹百陸拾壹兩貳錢伍分鋪墊銀伍兩玖錢貳分陸釐貳毫伍絲水脚銀壹兩陸錢壹分陸釐貳毫伍絲解費銀叁兩貳錢叁分貳釐伍毫

膩硃銀捌錢叁分壹釐貳毫伍絲鋪墊銀肆錢捌分
壹釐貳毫伍絲水脚銀捌釐叁毫壹絲貳忽伍微
解費銀壹分陸釐陸毫貳絲伍忽此項原解甲字庫本色膩硃叁
拾柒觔捌兩每觔原編銀壹錢玖分鋪墊銀壹錢
壹分於順治拾年陸月內奉
旨除解本色外該折色膩硃肆觔陸兩每觔折銀壹錢玖
分共銀捌錢叁分壹釐貳毫伍絲鋪墊銀肆錢捌
分壹釐貳毫伍絲水脚銀捌釐叁毫壹絲貳忽伍
微解費銀壹分陸釐陸毫貳絲伍忽

藤黃銀壹兩伍分鋪墊銀伍錢柒分柒釐伍毫水脚
銀壹分伍毫解費銀貳分壹釐此項原解甲字庫本色藤黃拾肆觔
每觔原編銀壹錢鋪墊銀壹錢壹分於順治拾年
陸月內奉

旨除解本色外該折色藤黃伍觔肆兩每觔折銀貳兩共
銀壹兩伍分鋪墊銀伍錢柒分柒釐伍毫水脚銀
壹分伍毫解費
銀貳分壹釐

黑鉛銀玖兩肆錢伍分肆釐叁毫柒絲伍忽鋪墊銀
壹兩肆錢捌分伍釐陸毫捌絲柒忽伍微水脚銀
玖分肆釐伍毫肆絲叁忽柒微伍纖解費銀壹錢
捌分玖釐捌絲柒忽伍微此項原解甲字庫本色
黑鉛貳百柒拾玖觔每
觔原編價銀叁分伍釐鋪墊銀壹分壹釐於順治
拾年陸月內奉
旨除解本色外該折色黑鉛壹百叁拾伍觔壹兩每觔折
銀柒分共銀玖兩肆錢伍分肆釐叁毫柒絲伍忽
鋪墊銀壹兩肆錢捌分伍釐陸毫捌絲柒忽伍微
水脚銀玖分肆釐伍毫肆絲叁忽柒微伍纖解費

銀壹兩捌錢玖分
捌絲柒忽伍微

烏梅銀捌兩玖分貳釐伍毫鋪墊銀貳兩貳錢貳分伍釐肆毫叁絲柒忽伍微水脚銀捌分玖毫貳絲伍忽解費銀壹錢陸分壹釐捌毫伍絲　此項原解甲字庫本色烏梅貳百肆拾柒觔肆兩每觔原編銀貳分鋪墊銀壹分壹釐於順治拾年陸月內奉
旨除解本色外該折色烏梅貳百貳觔伍兩每觔折銀肆分共銀捌兩玖分貳釐伍毫鋪墊銀貳兩貳錢貳分伍釐肆毫叁絲柒忽伍微水脚銀捌分玖毫貳絲伍忽解費銀壹錢陸分壹釐捌毫伍絲

生銅銀肆兩捌錢鋪墊銀玖錢陸分水脚銀肆分捌釐解費銀玖分陸釐　此項原解丁字庫本色生銅陸拾觔每觔原編銀伍分鋪

熟銀壹分陸釐於順治拾年陸月內奉
旨全改折該折色生銅陸拾觔每觔折銀捌分共銀肆兩捌錢鋪墊銀玖錢陸分水脚銀肆分捌釐解費銀玖分陸釐

紅熟銅銀壹拾肆兩捌錢捌分伍釐鋪墊銀壹兩捌錢叁分貳釐水脚銀壹錢肆分捌釐捌毫伍絲解費銀貳錢玖分柒釐柒毫此項原解丁字庫本色紅熟銅壹百肆拾陸觔每觔原編銀壹錢鋪墊銀壹分陸釐於順治拾年陸月內奉
旨除解本色外該折色紅熟銅壹百壹拾肆觔捌兩每觔折銀壹錢叁分共銀壹拾肆兩捌錢捌分伍釐鋪墊銀壹兩捌錢叁分貳釐水脚銀壹錢肆分捌釐伍毫解費銀貳錢玖分柒釐柒毫

黃蠟銀貳拾貳兩陸錢伍分鋪墊銀玖錢零陸釐水

脚銀貳錢貳分陸釐伍毫解費銀肆錢伍分叁釐

此項原解丁字庫本色黃蠟柒拾肆觔拾兩每觔
原編銀貳錢鋪墊銀壹分陸釐於順治拾年陸月
內奉
旨除解本色外該折色黃蠟伍拾陸觔拾兩每觔折銀肆
錢共銀貳拾貳兩陸錢伍分鋪墊銀玖錢零陸釐
水脚銀貳錢貳分陸釐伍毫解費銀肆錢伍分叁
釐

牛筋銀叁兩肆錢捌分鋪墊銀叁錢肆分捌釐水脚
銀叁分肆釐捌毫解費銀陸分玖釐陸毫此項原解丁字
庫本色牛筋貳拾壹觔拾貳兩每觔原編價銀捌
分鋪墊銀壹分陸釐於順治拾年陸月內奉
旨全收折該折色牛筋貳拾壹觔拾貳兩每觔折銀壹錢
陸分共銀叁兩肆錢捌分鋪墊銀叁錢肆分捌釐

水脚銀叁分肆釐捌毫
解費銀陸分玖釐陸毫

水牛角銀貳拾兩鋪墊銀壹兩肆錢水脚銀貳錢解費銀肆錢　此項原解丁字庫本色水牛角貳拾副每副原編銀壹錢鋪墊銀柒分於順治拾年陸月内奉
旨全改折該折色水牛角貳拾副每副折銀壹兩共銀貳拾兩鋪墊銀壹兩肆錢水脚銀貳錢解費銀肆錢

黄牛皮銀捌錢捌分鋪墊銀叁錢貳分水脚銀捌釐捌毫解費銀壹分柒釐陸毫　此項原解丁字庫本色黄牛皮肆張每張原編銀貳錢貳分鋪墊銀捌分於順治拾年陸月内奉
旨全改折該折色黄牛皮肆張每張折銀貳錢貳分共銀捌錢捌分鋪墊銀叁錢貳分水脚銀捌釐捌毫解

費銀壹分
柒釐陸毫

藾草銀壹兩水脚銀壹分解費銀貳分　此項原解南供用庫今改
解北本色藾草貳百觔每觔原編銀貳釐伍毫於
順治拾年陸月内奉
旨全改折該折色藾草貳百觔每觔折銀伍釐共銀壹兩
水脚銀壹分解費銀貳分

以上戶部下折色自太倉庫麥折起至供用庫藾草
止計拾叁欵共銀叁百玖拾陸兩貳錢柒分貳釐
陸毫玖絲叁忽柒微伍纖內　正銀叁百陸拾捌兩柒錢肆分捌釐壹毫
貳絲伍忽鋪墊銀壹拾陸兩肆錢陸分貳釐壹毫
貳絲伍忽水脚銀叁兩陸錢捌分柒釐肆毫捌絲
壹忽貳微伍纖解費銀柒兩叁錢柒分肆釐玖毫
陸絲貳忽伍微

秋糧折色起運

戶部項下折色

光祿寺米折銀伍百伍兩壹錢伍分伍釐水脚銀伍兩伍分壹釐伍毫伍絲解費銀壹拾兩壹錢叁釐壹毫此項原額米柒百貳拾壹石陸斗伍升每石折銀貫柒錢共銀伍百伍兩壹錢伍分伍釐水脚銀伍兩伍分壹釐伍毫伍絲解費銀壹拾兩壹錢叁釐壹毫

太倉庫米折銀壹千柒百伍拾壹兩伍錢肆分叁釐貳絲玖忽玖微柒纖柒沙陸塵水脚銀壹拾柒兩伍錢壹分伍釐肆毫叁絲貳微玖纖玖沙柒塵柒

渺陸漠解費銀叁拾伍兩叁分捌毫陸絲伍微玖纖玖沙伍塵伍渺貳漠　此項原額米貳千玖百壹拾玖石貳斗叁升捌合叁勺捌抄叁撮貳圭玖粟陸粒每石折銀陸錢共銀壹千柒百伍拾壹兩伍錢肆分叁釐貳絲玖忽玖微柒纖柒沙陸塵水脚銀壹拾柒兩伍錢壹分伍釐肆毫叁絲貳微玖纖玖沙柒塵柒渺陸漠解費銀叁拾伍兩叁分捌毫陸絲伍微玖纖玖沙伍塵伍渺貳漠

京庫草折銀玖百玖拾玖兩壹錢貳分水脚銀玖兩玖錢玖分壹釐貳毫解費銀壹拾玖兩玖錢捌分貳釐肆毫　此項原額馬草叁萬叁千叁百肆包每包銀叁分共銀玖百玖拾玖兩壹錢貳分水脚銀玖兩玖錢玖分壹釐貳毫外解費銀壹拾玖兩玖錢捌分貳釐肆毫

原解南光祿寺改解稻穀銀壹拾貳兩玖錢叁分柒釐肆毫水脚銀壹錢貳分玖釐叁毫柒絲肆忽解費銀貳錢伍分捌釐柒毫肆絲捌忽此項原解南今改解北折色稻穀叁拾陸石玖斗陸升肆合准正米壹拾捌石肆斗捌升貳合每石折銀柒錢共銀壹拾貳兩玖錢叁分柒釐肆毫水脚銀壹錢貳分玖釐叁毫柒絲肆忽解費銀貳錢伍分捌釐柒毫肆絲捌忽

京倉兌運漕糧改折銀玖千壹百玖拾兩叁錢水脚銀玖拾壹兩玖錢叁釐解費銀壹百捌拾叁兩捌錢陸釐此項原額永折正兌米壹萬叁千壹百貳拾玖石每石折銀柒錢共銀玖千壹百玖拾兩叁錢水脚銀玖拾壹兩玖錢叁釐於天啓伍年復改本色實徵正米壹萬叁千壹百貳拾玖石

加四耗該耗米伍千貳百伍拾壹石陸斗今於順
治捌年玖月拾伍日准
巡按上官　題請折色　戶部題覆於順治捌年
拾貳月貳拾伍日奉
聖旨是依議欽遵在案應徵正兌米壹萬叁千壹百貳拾
玖石每石折銀柒錢共銀玖千壹百玖拾兩叁錢
水脚銀玖拾壹兩玖錢叁釐解費銀壹百捌拾叁
兩捌錢陸釐共耗米伍千貳百伍拾壹石陸斗免
派於
民
改兌淮安府常盈倉米改折銀貳千貳百叁拾貳兩
陸錢水脚銀貳拾貳兩叁錢貳分陸釐解費銀肆
拾肆兩陸錢伍分貳釐　此項原額永折改兌米叁
千柒百貳拾壹石每石折
銀陸錢共銀貳千貳百叁拾貳兩陸錢水脚銀貳
拾貳兩叁錢貳分陸釐於天啓伍年復改本色壹

徵正米叄千柒百貳拾壹石加叄耗該耗米壹千壹百拾陸石叄斗今於順治捌年玖月拾伍日准

巡按上官　題請折色　戶部題覆於順治捌年拾貳月貳拾伍日奉

旨是依議欽遵在案應徵收兑米叄千柒百貳拾壹石每石折銀陸錢共銀貳千貳百叄拾貳兩陸錢水脚銀貳拾貳兩叄錢貳分陸釐解費銀肆拾肆兩陸錢伍分貳釐其耗米壹千壹百壹拾陸石叄斗

免派

於民

玖釐地畝銀陸千柒百貳拾叄兩伍錢壹分肆釐壹毫玖絲水脚銀陸拾柒兩貳錢叄分伍釐壹毫肆絲壹忽玖微解費銀壹百叄拾肆兩肆錢柒分貳毫捌絲叄忽捌微此項全書未載於萬曆末年加添今順治肆年奉

旨照舊徵
解
原解南今改解北各衛倉無耗折色平米銀捌百貳拾玖兩伍錢伍分伍釐水脚銀捌兩貳錢玖分伍釐伍毫伍絲解費銀壹拾陸兩伍錢玖分壹釐壹毫

此項舊全書刊載南京各衛倉無耗折色平米壹千陸百伍拾玖石壹斗壹升每石折銀伍錢共銀捌百貳拾玖兩伍錢伍分伍釐水脚銀肆兩壹錢肆分柒釐柒毫伍絲於崇禎元年爲留都空匱等事准　南戶部正堂張　題准自貳年起改徵本色各衛倉水兑平米壹千陸百伍拾玖石壹斗壹升加貳斗捌升該耗米肆百陸拾肆石伍斗伍升捌勺今於順治拾伍年叁月拾柒日奉
旨仍徵折色改編前數其耗米肆百陸拾肆石伍斗伍升捌勺免派於民

以上戸部下折色自光祿寺米折起至各衛倉無耗
折色米銀止計捌款共銀貳萬貳千玖百壹拾貳
兩陸分陸釐叁毫伍絲捌忽伍微柒纖陸沙玖塵
貳渺捌漠內正項銀貳萬貳千貳百肆拾肆兩柒
錢貳分肆釐陸毫壹絲玖忽玖微柒
纖柒沙陸塵水脚銀貳百貳拾貳兩肆錢肆分柒
釐貳毫肆絲陸忽壹微玖纖玖沙柒塵柒渺陸漠
解費銀肆百肆拾肆兩捌錢玖分肆釐肆毫玖絲
貳忽叁微玖纖玖沙伍塵伍渺貳漠

禮部項下折色

禮部供應肥猪羊隻鷄鵞等銀貳百捌拾伍兩叁錢
水脚銀貳兩捌錢伍分叁釐解費銀伍兩柒錢陸

釐

太常寺牛犢銀捌拾伍兩伍錢水脚銀陸兩解費銀壹兩柒錢壹分

蒼朮銀壹百壹拾叁兩柒錢伍分水脚壹拾柒兩肆錢捌分貳釐柒毫陸絲柒忽伍微解費貳兩貳錢柒分伍釐

此項原解禮部本色蒼朮肆千伍百伍拾觔每觔原編價銀柒釐共銀叁拾壹兩捌錢伍分水脚銀貳拾貳兩玖錢貳分柒釐陸毫玖絲於萬曆肆拾柒年改折壹千壹百肆拾捌觔每觔折銀貳分伍釐共銀貳拾捌兩柒錢水脚銀貳錢捌分柒釐實徵本色蒼朮叁千肆百貳觔每觔價銀柒釐共銀貳拾叁兩捌錢壹分肆釐實該本色水脚銀壹拾柒兩壹錢玖分伍釐柒毫陸絲柒忽伍微於順治

捌年玖月內奉

旨全改折該折色蒼朮肆千伍百伍拾觔每觔折銀貳分

伍釐共銀壹百壹拾叁兩柒錢伍分水脚銀壹拾

柒兩肆錢捌分貳釐柒毫陸絲柒忽伍微解費銀

貳兩貳錢

柒分伍釐

以上禮部下折色自供應肥豬等銀起至蒼朮銀止

計叁款共銀伍百貳拾兩伍錢柒分陸釐柒毫陸

絲柒忽伍微內正銀肆百捌拾肆兩伍錢伍分水

脚銀貳拾陸兩叁錢叁分伍釐柒

毫陸絲柒忽伍微解費

銀玖兩陸錢玖分壹釐

兵部項下折色

備用折色馬玖拾捌匹每匹折銀叁拾兩共銀貳千

玖百肆拾兩水脚銀貳拾玖兩肆錢解費銀伍拾
捌兩捌錢此項原額折色馬玖拾捌匹每匹銀貳拾肆兩共銀貳千叁百伍拾貳兩水脚銀貳拾叁兩伍錢貳分於順治貳年間奉大僕寺劄題請裒馬無論本折每匹折銀叁拾兩内除原額外加銀陸兩共銀伍百捌拾捌兩連原額新增共銀貳千玖百肆拾兩水脚銀貳拾玖兩肆錢解費銀伍拾捌兩捌錢

草料銀貳百玖拾兩貳錢伍分柒釐肆毫柒絲水脚
銀貳兩玖錢貳釐伍毫柒絲肆忽柒微解費銀伍
兩捌錢伍釐壹毫肆絲玖忽肆微

草場租銀貳百伍拾玖兩柒錢肆分貳釐伍毫叁絲

水脚銀貳兩伍錢玖分柒釐肆毫貳絲伍忽叁微

解費銀伍兩壹錢玖分肆釐捌毫伍絲陸微查與草料

一欵併解

太僕寺短班醫獸銀壹兩貳錢水脚銀陸釐解費銀

貳分肆釐

以上兵部下折色自馬價起至太僕寺醫獸止計肆

欵共銀叁千伍百玖拾伍兩玖錢叁分內正項銀叁千肆

百玖拾壹兩貳錢水脚銀叁拾肆兩玖錢陸釐解

費銀陸拾玖兩捌錢貳分肆釐

工部項下折色

工部肆司料價銀壹千肆百陸拾玖兩壹錢肆分柒
釐柒絲伍忽水脚銀壹拾肆兩陸錢玖分壹釐肆
毫柒絲柒微伍纖解費銀貳拾玖兩叁錢捌分貳
釐玖毫肆絲壹忽伍微內

營繕司銀肆百柒拾兩壹錢貳分柒釐陸絲肆忽水
脚銀肆兩柒錢壹釐貳毫柒絲陸微肆纖解費銀
玖兩肆錢貳釐伍毫肆絲壹忽貳微捌纖

虞衡司銀貳百叁拾伍兩陸分叁釐伍毫叁絲貳忽
水脚銀貳兩叁錢伍分陸毫叁絲伍忽叁微貳纖

解費銀肆兩柒錢壹釐貳毫柒絲陸微肆纖
都水司銀肆百壹拾壹兩叁錢陸分壹釐壹毫捌絲
壹忽水脚銀肆兩壹錢壹分叁釐陸毫壹絲壹忽
捌微壹纖解費銀捌兩貳錢貳分柒釐貳毫貳絲
叁忽陸微貳纖
屯田司銀叁百伍拾貳兩伍錢玖分伍釐貳毫玖絲
捌忽水脚銀叁兩伍錢貳分伍釐玖毫伍絲貳忽
玖微捌纖解費銀柒兩伍分壹釐玖毫伍忽玖微
陸纖

工部營繕司磚料銀柒拾捌兩伍錢玖分伍釐水脚銀柒錢捌分伍釐玖毫伍絲解費銀壹兩伍錢柒分壹釐玖毫

御用監匠役衣糧銀肆拾貳兩柒錢陸分肆毫水脚銀肆錢貳分柒釐陸毫肆忽解費銀捌錢伍分伍釐貳毫捌忽遇閏加銀叁兩伍錢壹分肆釐肆毫肆絲玖忽　查此項原額銀叁拾捌兩柒錢叁分貳釐遇閏加銀叁兩貳錢貳分柒釐陸毫陸絲於順治拾壹年肆月內奉工部頒發款目冊改編前數

以上工部下折色自工部四司料價起至御用監匠

役衣糧止計叁欵共銀壹千陸百叁拾捌兩貳錢壹分柒釐伍毫肆絲玖忽貳微伍纖遇閏加銀叁兩伍錢壹分肆釐肆毫肆絲玖忽内正銀壹千伍百玖拾兩伍錢貳釐肆毫柒絲伍忽水脚銀壹拾伍兩玖錢伍釐貳絲肆忽柒微伍纖解費銀叁拾壹兩捌錢壹分肆絲玖忽伍微

本縣解布政司轉解戶部本色物料數

夏稅本色起運

戶部項下本色

甲丁貳庫本色銀硃等料原編價銀叁拾柒兩玖錢

壹分柒釐捌毫壹絲貳忽伍微鋪墊銀壹拾壹兩
肆錢肆分玖釐陸毫貳絲伍忽貼備使費等銀叁
拾壹兩肆錢肆分貳釐陸毫共銀捌拾兩捌錢壹
分叁絲柒忽伍微內該辦解

甲字庫

本色銀硃叁拾陸觔貳兩每觔原編銀伍錢鋪墊銀
壹錢壹分該價銀壹拾捌兩陸分貳釐伍毫鋪墊
銀叁兩玖錢柒分叁釐柒毫伍絲

本色貳硃叁拾叁觔貳兩每觔原編銀壹錢玖分鋪

墊銀壹錢壹分該價銀陸兩貳錢玖分叁釐柒毫
伍絲鋪墊銀叁兩陸錢肆分叁釐柒毫伍絲
本色藤黄捌觔拾貳兩每觔原編銀壹錢鋪墊銀壹
錢壹分該價銀捌錢柒分伍釐鋪墊銀玖錢陸分
貳釐伍毫
本色黑鉛壹百肆拾叁觔拾伍兩每觔原編銀叁分
伍釐鋪墊銀壹分壹釐該價銀伍兩叁分柒釐捌
毫壹絲貳忽伍微鋪墊銀壹兩伍錢捌分叁釐叁
毫壹絲貳忽伍微

本色烏梅肆拾肆觔拾伍兩每觔原編銀貳分鋪墊銀壹分壹釐該價銀捌錢玖分捌釐柒毫伍絲鋪墊銀肆錢玖分肆釐叁毫壹絲貳忽伍微

丁字庫

本色紅熟銅叁拾壹觔捌兩每觔原編銀壹錢鋪墊銀壹分陸釐該價銀叁兩壹錢伍分鋪墊銀伍錢

肆釐

本色黃蠟壹拾捌觔每觔原編銀貳錢鋪墊銀壹分陸釐該價銀叁兩陸錢鋪墊銀貳錢捌分捌釐

丁貳庫銀硃等料原編價銀壹百貳兩肆錢[illegible]
叁釐壹毫貳絲伍忽内除撥解折色銀陸拾肆兩
伍錢貳分伍釐叁毫壹絲貳忽伍微鋪墊銀壹拾
陸兩肆錢陸分貳釐壹毫貳絲伍忽除撥外實存
原編價銀叁拾柒兩玖錢壹分柒釐捌毫壹絲貳
忽伍微鋪墊銀壹拾壹兩肆錢肆分玖釐陸毫貳
絲伍
忽

承運庫

原解南改解北本色壹分貳釐絹拾貳疋捌分肆釐
每疋原編銀柒錢共銀捌兩玖錢捌分捌釐水脚
銀伍兩壹錢捌分柒釐叁毫陸絲

供用庫

原解南改解北原編本色黃白蠟銀伍拾伍兩水脚
銀伍錢伍分綱司銀貳拾玖兩伍錢共銀捌拾伍
兩伍分内該辦解

本色黃蠟貳百觔每觔原編銀貳錢共銀肆拾兩

本色白蠟叁拾觔每觔原編銀伍錢共銀壹拾伍兩

查此貳項原編銀伍拾伍兩伍錢水脚銀伍錢伍
分伍釐綱司銀貳拾玖兩伍錢内除撥解折色顏
草銀伍錢水脚銀伍釐實存原編銀伍拾伍兩水
脚銀伍錢伍分綱司銀貳拾玖兩伍錢以上甲丁
承運供用四庫本色銀硃絲綿黃白蠟等項先於
順治玖年拾月内准　戶部咨開已經具　題奉
旨各項本色責成布政司每年於壹兩月之前確查時價
據實估定申報督撫咨部查核壹面徑行所屬州

縣照估定時價徵銀解交藩司選委　職官領[illegible]
買物料裝運解部　今新奉
俞壹本色顏料各款令各屬自行採辦徑解內部已遵行
該州縣徵解至隨時增價逐年預先報明另編今
將舊編銀數照舊造入其不敷銀兩遵照估定時
價辦解

以上戶部下本色顏料等項自本色銀硃起至本色
白蠟止計拾款共銀壹百捌拾兩叁分伍釐叁毫
玖絲柒忽伍微內　正銀壹百壹兩玖錢伍釐捌毫
壹絲貳忽伍微舖墊銀壹拾壹
兩肆錢肆分玖釐陸毫貳絲伍忽伍纖司水脚貼備
使費等銀陸拾陸兩陸錢柒分玖釐玖毫陸絲

本縣解省倉轉給省城兵馬糧料本色米豆數
原解南光祿寺改解江寧倉本色黃豆陸拾捌石叁

斗肆升每石加耗貳斗船錢叁升盤用伍升共貳斗捌升該耗豆壹拾玖石壹斗叁升伍合貳勺又稻穀捌拾伍石叁升陸合准正米肆拾貳石伍斗壹升捌合每石加耗貳斗船錢叁升盤用伍升共貳斗捌升該耗米壹拾壹石玖斗伍合肆抄外綱司水脚門籌銀貳拾貳兩壹錢柒分壹釐陸毫共綱司水脚門籌銀兩改充本省兵餉

原解南酒醋麵局改解江寧倉本色料豆壹百柒拾捌石伍斗每石加耗伍斗伍升船錢叁升盤用伍

升共陸斗叁升該耗豆壹百壹拾貳石肆斗伍升伍合共正耗豆貳百玖拾石玖斗伍升伍合綱司水脚門籌銀壹拾壹兩玖錢

此項原額正麥壹百壹拾玖石每石加耗伍斗伍升船錢叁升盤用伍升共陸斗叁升該耗麥柒拾肆石玖斗柒升共正耗麥壹百玖拾叁石壹斗柒升每石徵銀肆錢共銀柒拾柒兩伍錢捌分捌釐收買本色上納外綱司水脚銀壹拾壹兩玖錢於順治柒年拾壹月初玖日准　總督戶部咨明　比部每麥壹石易豆壹石伍斗改編前數綱司水脚門籌銀兩改充本省兵餉其原編價值摘出不入編派

原解南神宮監改解江寧倉本色料豆陸拾柒石伍斗每石加耗伍斗伍升船錢叁升盤用伍升共陸

斗叁升該耗豆肆拾貳石伍斗貳升伍合共正耗

豆壹百壹拾石貳升伍合水脚銀拾捌兩此項原額正麥

肆拾伍石每石加耗伍斗伍升船錢叁升盤用伍

升共陸斗叁升該耗麥貳拾捌石叁斗伍升共正

耗麥柒拾叁石叁斗伍升每石徵銀肆錢共銀貳

拾玖兩叁錢肆分水脚銀拾捌兩收買本色上納

於順治柒年拾壹月初玖日准　總督戶部咨明

北部每麥壹石易豆壹石伍斗改編前數水脚

銀兩改充本省兵餉其原

編價值摘出不入編派

原解南神宮監改解江寧倉本色白熟糯米柒石准

糙粳正米柒石柒斗稻穀陸拾貳石准正米叁拾

壹石糙粳正米拾捌石共准正米伍拾陸石柒斗

每石加耗貳斗船錢叁升盤用伍升共貳斗捌升
該耗米壹拾伍石捌斗柒升陸合又黃豆叁拾叁
石每石加耗貳斗船錢叁升盤用伍升共貳斗捌
升該耗豆玖石貳斗肆升外綱司水脚銀叁拾伍
兩捌錢捌分其綱司水脚銀兩改充本省兵餉
原解南長安左等肆門倉改解江寧倉本色正米柒
百肆拾肆石叁升每石加耗貳斗船錢叁升盤用
伍升共貳斗捌升該耗米貳百捌石叁斗貳升捌
合肆勺共正耗米玖百伍拾貳石叁斗伍升捌合

肆分外水脚門籌銀肆拾肆兩陸錢肆分壹釐捌毫其水脚門籌銀兩改充本省兵餉

原解南各衛倉改解江寧倉本色無耗黑豆貳百壹拾伍石肆斗叁升伍合外水脚耗費銀肆錢叁分捌毫柒絲其水脚耗費銀兩改充本省兵餉

以上留充本省兵馬糧料本色米豆自光祿寺本色豆起至各衛倉黑豆止計陸款其米豆壹千捌百貳拾伍石肆斗捌升柒合陸勺肆抄外綱司水脚門籌銀壹百叁拾叁兩貳分肆釐貳毫柒絲內正米

豆壹千肆百陸石貳升叁合耗米豆肆百壹拾
石肆斗陸升肆合陸勺肆抄

本縣存留本色米數

養濟院孤貧貳拾捌名户每名給本色米叁石陸斗

共米壹百石捌斗遇閏加米捌石肆斗

本縣解布政司留充本省兵餉等項支用銀數

税糧起運

户屬項下改充南餉

本衛倉麥折銀壹百陸拾柒兩陸錢水脚銀捌錢叁

分捌釐解費銀叁兩叁錢伍分貳釐此項原額折色正麥肆百

壹拾玖石每石折銀肆錢共銀壹百陸拾柒兩陸錢火耗銀捌錢叁分捌釐解費銀叁兩叁錢伍分貳釐

庫絲絹折銀陸拾伍兩玖錢壹分貳釐水脚銀陸錢伍分玖釐壹毫貳絲解費銀壹兩叁錢壹分捌釐貳毫肆絲　此項原額折色捌分捌釐絹玖拾肆疋壹分陸釐每疋折銀柒錢共銀陸拾伍兩玖錢壹分貳釐水脚銀陸錢伍分玖釐壹毫貳絲解費銀壹兩叁錢壹分捌釐貳毫肆絲

定場草折銀壹百壹拾陸兩叁錢伍分貳釐水脚銀伍錢捌分壹釐柒毫陸絲解費銀貳兩叁錢貳分柒釐肆絲　此項原額馬草陸千肆百陸拾肆包每包折銀壹分捌釐共銀壹百壹拾陸兩

叁錢伍分貳釐水脚銀伍錢捌分壹釐壹毫陸絲

解費銀貳兩叁錢貳分柒釐肆絲

犧牲所豆折銀叁拾兩解費銀陸錢此項原額折色黄豆陸拾石每石折銀伍錢共銀叁拾兩解費銀陸錢

均徭起運

戸屬項下改充南餉

房屋鈔銀叁錢陸分陸釐伍毫解費銀柒釐叁毫叁絲

酒醋鈔銀叁錢陸分陸釐伍毫解費銀柒釐叁毫叁絲

四門倉脚夫銀貳拾壹兩陸錢水脚銀壹錢捌釐解
費銀肆錢叁分貳釐
光祿寺庫子銀拾叁兩水脚銀壹錢叁分解費銀貳
錢陸分
鰣魚廠船綱什物銀肆拾陸兩柒分陸釐叁毫壹絲
新增銀拾捌兩解費銀壹兩貳錢捌分壹釐伍毫
貳絲陸忽貳微
鰣魚廠船綱等銀貳拾叁兩陸錢玖分肆釐新增銀
拾貳兩解費銀柒錢壹分叁釐捌毫捌絲

戶部鹽倉庫稱銀叁拾陸兩六䥖銀壹錢捌分解費
銀柒錢貳分
酒醋局醫獸銀肆兩水脚銀貳分解費銀捌分
廣惠庫銅錢貳千柒百叁拾貳文解費錢伍拾肆文
禮屬項下改充南餉
太常寺神樂觀膳夫銀拾貳兩水脚銀陸分解費銀
貳錢肆分
兵屬項下改充南餉
兵部分司門皂工食銀陸拾兩水脚銀陸錢解費銀

壹兩貳錢

寧太道公費什物銀拾玖兩叄錢陸分叄釐捌毫解
費銀叄錢捌分柒釐貳毫柒絲陸忽

上司操練民兵花紅銀拾兩解費銀貳錢

寧太道皂隸銀拾捌兩解費銀叄錢陸分

寧太道民壯工食銀陸拾肆兩捌錢解費銀壹兩貳
錢玖分陸釐

寧太道水手銀肆兩貳錢叄分伍釐解費銀捌分肆
釐柒毫

犒勞牛羊菓酒銀玖兩伍錢伍分解費銀壹錢玖分
壹釐
尚膳監醫獸銀捌兩解費銀壹錢陸分
工部項下改充南餉
太常寺壇夫銀拾肆兩肆錢水脚銀柒分貳釐解費
銀貳錢捌分捌釐
太常寺牛犢銀叁拾柒兩伍錢解費銀柒錢伍分此項
原額折色牛犢壹拾伍隻每隻折銀伍兩共銀柒
拾伍兩貳年壹解每年徵銀叁拾柒兩伍錢解費
銀柒錢
伍分

江南供應機房柴夫脚價銀肆拾玖兩叁錢叁分玖釐陸毫伍絲玖忽柒微陸纖解費銀玖錢捌分陸釐柒毫玖絲叁忽壹微玖纖伍沙貳塵

江南供應機房湅泛線價銀捌拾肆兩叁錢解費銀壹兩陸錢捌分陸釐

江南供應機房下程人役工食銀柒拾壹兩伍錢解費銀壹兩肆錢叁分

以上留充本省兵餉下自各衛倉麥折起至供應機房下程銀止計貳拾柒款共銀壹千肆拾肆兩叁

錢肆分玖釐柒毫陸絲伍忽壹微伍纖伍沙貳塵

內

正銀壹千貳拾兩陸錢捌分柒釐柒毫陸絲玖忽柒微陸纖水脚銀叁兩貳錢肆分捌釐捌毫

捌絲解費銀貳拾兩肆錢壹分叁釐壹毫壹絲伍忽叁微玖纖伍沙貳塵

本縣解給驛站協濟銀數

驛站

龍江水馬驛支應銀貳拾壹兩貳錢柒分貳釐遇閏

加銀壹兩柒錢玖分柒釐陸毫柒絲

金陵驛馬價銀壹拾捌兩肆錢捌分遇閏加銀壹兩

伍錢肆分

江東驛支應銀捌拾兩遇閏加銀陸兩陸錢陸分陸
釐陸毫柒絲

江寧驛馬價銀叁百陸拾兩支應銀貳拾柒兩叁錢
叁分肆釐遇閏加銀叁拾貳兩貳錢柒分柒釐捌
毫肆絲

大勝驛支應銀叁拾陸兩遇閏加銀叁兩

協濟棠邑驛馬價銀陸拾柒兩遇閏加銀伍兩伍錢
捌分叁釐叁毫叁絲

江淮驛原編馬價支應等項共銀叁拾伍兩叁錢柒

分

遇閏加銀貳兩玖錢肆分柒釐伍毫

龍潭驛撥補缺額馬價銀肆百叁兩貳錢肆分玖釐

又奉

部文撥給抵兌浙省馬價銀壹拾陸兩貳項共銀

肆百壹拾玖兩貳錢肆分玖釐遇閏加銀叁拾肆

兩玖錢叁分柒釐肆毫貳絲

以上驛站自龍江水馬驛支應起至龍潭驛馬價止

計捌款共該夫馬等項銀壹千零陸拾伍兩零伍

釐遇閏加銀捌拾捌兩柒錢伍分肆毫肆絲

本縣解漕操貳院兵餉銀數

均徭

漕標兵餉項下

海防兵餉銀壹千陸百肆拾肆兩陸錢貳毫玖絲陸忽陸纖玖沙玖塵玖渺水脚銀捌兩貳錢貳分叁釐壹毫肆忽捌微解費銀叁拾貳兩捌錢玖分貳釐伍忽玖微貳纖壹沙肆塵查此項原解常州府聽候江寧撫院動支給散兵餉今改解淮安府聽候漕撫動支給發江北營兵餉

池陽兵餉銀柒拾叁兩肆分捌釐叁毫貳絲叁忽伍微肆纖玖塵肆渺六脚銀叁錢陸分伍釐貳毫肆絲壹忽陸微壹纖柒沙柒塵伍漠解費銀壹兩肆錢陸分玖毫陸絲陸忽肆微柒纖捌塵壹渺玖漠

查此項原解池州府聽候　操院動支給池陽鎮兵餉今池陽鎮歸池陽營其銀改解淮安府聽候漕撫動支給發江北營兵餉

操院兵餉項下

操院兵餉銀壹百陸拾兩加編銀柒拾兩奉裁解費銀肆兩陸錢附入後項裁省內充餉遇閏銀叁拾貳兩

江防銀肆百肆拾肆兩奉裁解費銀捌兩捌錢捌分
附入裁扣內充餉
操院取用荻港防守弓兵陸名每名銀拾貳兩共銀
柒拾貳兩遇閏加銀陸兩
以上兵餉下海防兵餉起至荻港防守弓兵止計伍
款共銀貳千伍百陸兩伍錢捌分玖釐玖毫叁絲
捌忽肆微貳纖捌塵伍渺肆漠遇閏加銀叁拾捌
兩內正銀貳千肆百陸拾叁兩陸錢肆分捌釐陸毫壹絲玖忽陸微壹纖玖塵叁渺水脚銀捌兩伍錢捌分捌釐叁毫肆絲陸忽肆微壹纖柒[illegible]柒塵伍漠解費銀叁拾肆兩叁錢伍分貳[illegible]玖[illegible]

柒絲貳忽叁微玖纖

貳沙貳塵壹渺玖漠

本縣解各衙門銀數

均徭

撫院項下原編供應銀貳拾陸兩壹錢柒分壹釐肆毫此項銀兩已抵經費外餘剩應裁解部

撫院項下寫本吏銀柒錢解費銀壹分肆釐此項准部駁全書簽開撫院已有額派書吏廩給銀兩何得又設此項寫本吏應裁改解戶部充餉

按院項下廩給監生廩糧副本等銀壹拾伍兩水脚銀陸分新增心紅銀肆兩解費銀叁錢捌分此項先於

順治拾壹年内准部駁全書簽開文職經費錄内
並無監生廪糧副本等銀應裁改解户部充餉

學院項下供應銀伍兩玖錢陸分壹釐柒毫捌絲柒
忽陸微加編銀肆兩柒錢柒分玖釐水脚銀貳分
叁釐捌毫伍絲解費銀貳錢壹分肆釐捌毫壹絲
伍忽柒微伍纖貳沙遇閏銀捌錢玖分伍釐柒絲
蘇松學院供應銀貳兩捌錢叁分叁釐叁毫
漕院項下邳州供應銀肆兩叁錢肆分伍釐全裁充
餉
協濟淮安府倉折色正米壹千壹百柒石每石折銀

伍錢共銀伍百伍拾叁兩伍錢水脚銀伍兩伍錢
叁分伍釐解費銀壹拾壹兩柒分　查此項徑解該府聽候總漕
部院給散
本地兵餉
江南布政司曆日銀壹拾貳兩水脚銀貳錢肆分
江南布政司朔
覲路費紙張叁年共銀拾兩每年徵銀叁兩叁錢叁分叁
釐叁毫
江南按察司朔
覲路費紙張叁年共銀壹兩伍錢每年徵銀伍錢

以上各衙門撫院供應起至江南按察司朝　覲止
計拾款共銀陸百伍拾兩陸錢陸分壹釐肆毫伍
絲叁忽叁微伍纖貳沙內於順治肆年肆月內准
部頒發經費錄將撫院項下供應銀兩抵編經費
外餘剩銀貳拾陸兩壹錢柒分壹釐肆毫免派於
民又於順治玖年該前巡撫部院訂正全書議將
前銀解部又准部駁全書發開應裁撫院項下冊
房爲本吏銀柒錢壹分肆釐又裁按院項下監生
廩糧副本等銀壹拾玖兩肆錢肆分以上叁項共

裁銀肆拾陸兩叁錢貳分伍釐肆毫附後裁省數

內解部充餉又續奉部裁邳州供應銀肆兩叁錢

肆分伍釐附入後項裁省數內充餉

實解各衙門銀伍百玖拾玖兩玖錢玖分壹釐伍絲

叁忽叁微伍纖貳沙遇閏銀捌錢玖分伍釐柒絲

本縣解給府屬各員俸薪衙役工食銀數

本府知府員下分派本縣

獄卒貳名每名歲給工食銀陸兩共銀拾貳兩遇閏

加銀壹兩　經制原每名銀柒兩貳錢於順治玖年肆月初陸日會議每名裁銀壹兩貳錢

共銀貳兩肆錢

改解戶部

本府同知員下分派本縣

修宅家伙銀貳拾兩於順治柒年柒月初貳日全裁解部

本府通判員下分派本縣

心紅紙張銀叁拾兩遇閏加銀貳兩伍錢

本府推官員下分派本縣

心紅紙張銀貳拾兩遇閏加銀壹兩陸錢陸分陸釐

陸毫陸絲

修宅家伙銀壹拾兩於順治拾年肆月內進部又全裁解戶部

本府經歷員下分派本縣

書辦壹名銀陸兩遇閏加銀伍錢經制原每名銀柒兩貳錢今裁銀壹兩貳錢攺

解戸部

門子壹名銀陸兩遇閏加銀伍錢經制原每名銀柒兩貳錢今裁銀壹兩貳錢攺

解戸部

本府知事員下分派本縣

書辦壹名銀陸兩遇閏加銀伍錢經制原每名銀柒兩貳錢今裁銀壹兩貳錢攺

解戸部

門子壹名銀陸兩遇閏加銀伍錢經制原每名銀柒兩貳錢今裁銀壹

兩貳錢伍
解戶部

皂隸貳名每名銀陸兩共銀拾貳兩遇閏加銀壹兩
經制原每名銀柒兩貳錢今每名裁銀壹兩貳錢
共銀貳兩肆錢伍解戶部

本府照磨員下分派本縣

書辦壹名銀陸兩遇閏加銀伍錢經制原每名銀柒
兩貳錢今裁銀壹
兩貳錢伍
解戶部

門子壹名銀陸兩遇閏加銀伍錢經制原每名銀柒
兩貳錢今裁銀壹
兩貳錢伍
解戶部

皂隸肆名每名銀陸兩共銀貳拾肆兩遇閏加銀貳

兩經制原每名銀柒兩貳錢今每名裁銀壹兩貳錢共銀肆兩捌錢

本府檢校員下分派本縣

青辦壹名銀陸兩遇閏加銀伍錢經制原每名銀柒兩貳錢今裁銀壹兩貳錢改解戶部

門子壹名銀陸兩遇閏加銀伍錢經制原每名銀柒兩貳錢今裁銀壹兩貳錢改解戶部

皂隸肆名每名陸兩共銀貳拾肆兩遇閏加銀貳兩經制原每名銀柒兩貳錢今每名裁銀壹兩貳錢共銀肆兩捌錢解部

馬夫壹名銀陸兩遇閏加銀伍錢經制原每名銀柒兩貳錢今裁銀壹

兩貳錢玫

解戶部

本府司獄員下分派本縣

書辦壹名銀陸兩遇閏加銀伍錢經制原每名銀柒兩貳錢今裁銀壹

兩貳錢玫

解戶部

本府廣積庫朝陽司副使貳員下分派本縣

書辦貳名每名銀陸兩共銀拾貳兩遇閏加銀壹兩

經制原每名銀柒兩貳錢今每名裁銀壹兩貳錢

共裁銀貳兩肆錢解部充餉

本府都稅聚寶等司大使捌員下分派本縣

俸銀壹百壹拾陸兩叁錢玖分叁釐玖毫遇閏加銀

玖兩陸錢玖分玖釐肆毫玖絲

書辦捌名每名銀陸兩共銀肆拾捌兩遇閏加銀肆

兩經制原每名銀柒兩貳錢今每名裁銀壹兩貳錢共銀玖兩陸錢改解戶部

本府江東等司巡檢叁員下分派本縣

俸銀壹拾肆兩遇閏加銀壹兩壹錢陸分陸釐陸毫

柒絲

書辦叁名每名銀陸兩共銀拾捌兩遇閏加銀壹兩

伍錢經制原每名銀柒兩貳錢今每名裁銀壹兩貳錢共銀叁兩陸錢改解戶部

本府龍江等驛驛丞叁員下分派本縣

俸銀叁拾陸兩遇閏加銀叁兩

書辦叁名每名銀陸兩共銀拾捌兩遇閏加銀壹兩伍錢

經制原每名銀柒兩貳錢今每名裁銀壹兩貳錢共銀叁兩陸錢改解戶部

本府儒學分派本縣

教官叁員喂馬草料銀各壹拾貳兩共銀叁拾陸兩遇閏加銀叁兩

本縣知縣員下照經費新編

俸銀肆拾伍兩遇閏加銀叁兩柒錢伍分

經制原編俸銀貳拾柒兩肆錢玖分於順治拾叁年玖月貳拾陸日部覆　題定將薪銀拾柒兩伍錢壹分以足前數

薪銀拾捌兩肆錢玖分經制原編薪銀叁拾陸兩內撥出銀拾柒兩伍錢壹分凑入俸內餘銀拾捌兩肆錢玖分改解戶部

心紅紙劄銀貳拾兩遇閏加銀壹兩陸錢陸分陸釐陸毫柒絲經制原編心紅紙張油燭銀叁拾兩於順治拾叁年玖月貳拾陸日部覆題定將油燭銀拾兩改解戶部充餉

修宅家伙銀貳拾兩於順治玖年肆月會議全裁今改解
戶部

迎送上司傘扇銀拾兩於順治拾貳年肆月內會議裁銀捌兩續於順治拾叁年玖月貳拾陸日部覆題定議將銀貳兩一併解部充餉

吏書拾貳名每名銀陸兩共銀柒拾貳兩遇閏加銀陸兩
經制原每名銀拾兩捌錢今每名裁銀肆兩捌錢共裁銀伍拾柒兩陸錢改解
戶部

門子貳名每名銀陸兩共銀拾貳兩遇閏加銀壹兩
經制原每名銀柒兩貳錢今每名裁銀壹兩貳錢共銀貳兩肆錢改解戶部

皂隸拾陸名每名銀陸兩共銀玖拾陸兩遇閏加銀捌兩
經制原每名銀柒兩貳錢今每名裁銀壹兩貳錢共裁銀壹拾玖兩貳錢改解
戶部

馬快捌名每名連草料銀拾陸兩捌錢共銀壹百叄

拾肆兩肆錢遇閏加銀拾壹兩貳錢經制原每名工食并草料銀拾捌兩奏准　總督部院馬　咨准戶部咨開除每名歲支草料銀拾兩捌錢工食銀柒兩貳錢今每名止裁工食銀壹兩貳錢共裁銀玖兩陸錢改解戶部

民壯伍拾名每名銀陸兩共銀叁百兩遇閏加銀貳拾伍兩經制原每名銀柒兩貳錢今每名裁銀壹兩貳錢共裁銀陸拾兩改解

戶部

燈夫肆名每名銀陸兩共銀貳拾肆兩遇閏加銀貳兩經制原每名銀柒兩貳錢今每名裁銀壹兩貳錢共銀肆兩捌錢改解

戶部

看監禁卒捌名每名銀陸兩共銀肆拾捌兩遇閏加銀肆兩經制原每名銀柒兩貳錢今每名裁銀壹兩貳錢共銀玖兩陸錢改解

戶部

修理倉監銀貳拾兩

轎傘扇夫柒名每名銀陸兩共銀肆拾貳兩遇閏加銀叁兩伍錢經制原每名銀柒兩貳錢今裁每名銀壹兩貳錢共銀捌兩肆錢改解

戶部

庫書壹名銀陸兩遇閏加銀伍錢經制原編銀拾貳兩今裁銀陸兩改解

戶部

倉書壹名銀陸兩遇閏加銀伍錢經制原編銀拾貳兩今裁銀陸兩

改解

戶部

庫子肆名每名銀陸兩共銀貳拾肆兩遇閏加銀貳兩經制原每名銀柒兩貳錢今每名裁銀壹兩貳錢共銀肆兩捌錢改解

戶部

斗級肆名每名銀陸兩共銀貳拾肆兩遇閏加銀貳兩經制原每名銀柒兩貳錢今每名裁銀壹兩貳錢共銀肆兩捌錢改解

戶部

本縣縣丞員下照經費新編

俸銀肆拾兩遇閏加銀叁兩叁錢叁分叁釐叁毫肆絲經制原編銀貳拾肆兩二錢貳釐於順治拾叁年玖月貳拾陸日部覆　題定將薪銀壹拾伍兩柒錢玖分捌釐添入俸銀支給以足前數

薪銀捌兩貳錢貳釐經制原編薪銀貳拾肆兩今准部覆　題定議將薪銀拾伍兩柒錢玖分捌釐併入俸銀支給餘薪銀捌兩貳錢貳釐改解戶部

書辦壹名銀陸兩遇閏加銀伍錢經制原編銀柒兩貳錢今裁銀壹兩貳錢改解戶部

門子壹名銀陸兩遇閏加銀伍錢經制原編銀柒兩貳錢今裁銀壹兩貳錢改解戶部

皂隸肆名每名銀陸兩共銀貳拾肆兩遇閏加銀[illegible]

兩經制原每名銀柒兩貳錢今每名裁銀壹兩貳錢共銀肆兩捌錢改解

戶部

馬夫壹名銀陸兩遇閏加銀伍錢經制原編銀柒兩貳錢今裁銀壹兩貳錢改解

戶部

本縣典史員下照經費新編

俸銀叁拾壹兩伍錢貳分遇閏加銀貳兩陸錢貳分

陸釐陸毫陸絲經制原編俸銀拾玖兩伍錢貳分於順治拾叁年玖月貳拾陸日部

覆題定將薪銀拾貳兩

添入俸銀支給以足前數

書辦壹名銀陸兩遇閏加銀伍錢經制原編銀柒兩貳錢今裁銀壹兩貳錢攺解戶部

門子壹名銀陸兩遇閏加銀伍錢經制原編銀柒兩貳錢今裁銀壹兩貳錢攺解戶部

皂隷肆名每名銀陸兩共銀貳拾肆兩遇閏加銀貳兩經制原每名銀柒兩貳錢今裁銀壹兩貳錢共銀肆兩捌錢攺解戶部

馬夫壹名銀陸兩遇閏加銀伍錢經制原編銀柒兩貳錢今裁銀壹兩貳錢攺解戶部

廣通鎮巡檢員下照經費新編

俸銀叄拾壹兩伍錢貳分遇閏加銀貳兩陸錢貳分
陸釐陸毫陸絲　經制原編俸銀壹拾玖兩伍錢貳分於順治拾叄年玖月貳拾陸日
部覆　題定將薪銀壹拾貳兩添入俸銀支給以足前數
書辦壹名銀陸兩遇閏加銀伍錢　經制原編銀柒兩貳錢今裁銀壹兩貳錢改解戶部
皂隸貳名每名銀陸兩共銀拾貳兩遇閏加銀壹兩
經制原每名銀柒兩貳錢今每名裁銀壹兩貳錢共銀貳兩肆錢改解戶部
本縣儒學教諭壹員訓導壹員照經費新編
俸銀各叄拾壹兩伍錢貳分共銀陸拾叄兩肆分遇

閏加銀伍兩貳錢伍分叁釐叁毫叁絲　經制原編每員俸銀壹拾玖兩伍錢貳分共銀叁拾玖兩肆分於順治拾叁年玖月貳拾陸日部覆　題定每員薪銀拾貳兩添入俸銀支給以足前數

齋夫陸名每名銀拾貳兩共銀柒拾貳兩遇閏加銀陸兩

門子伍名每名銀柒兩貳錢共銀叁拾陸兩遇閏加銀叁兩

學書壹名銀柒兩貳錢遇閏加銀陸錢

教官貳員喂馬草料銀各拾貳兩共銀貳拾肆兩遇

閏加銀貳兩

本縣廪生膳夫貳名每名銀貳拾兩共銀肆拾兩遇閏加銀叁兩叁錢叁分叁釐叁毫叁絲查此項案准戶部咨開膳夫每學貳名共銀肆拾兩經費開載甚明此指縣學廪生貳拾名爲言也如州廪叁拾名應支銀陸拾兩府廪肆拾名應支銀捌拾兩自當按數遞增載入全書至於教官從無支膳銀之例難以准從等因在案查縣廪生貳拾名每名銀貳兩共銀肆拾兩相應註明照數支給

以上自本府獄卒起至本縣廪生膳夫止計陸拾伍款共銀貳千壹百伍拾陸兩玖錢陸分伍釐玖毫

內於順治柒年柒月內准部文裁汰同知修宅家

伙銀貳拾兩又於順治玖年肆月内會議裁扣府縣人役工食并本縣修宅家伙等項銀貳百柒拾玖兩貳錢又於順治拾貳年肆月内准部議裁扣本府推官修宅家伙并本縣迎送上司傘扇銀拾捌兩又於順治拾叁年玖月内准部議　題定照滿官對品支俸應裁知縣縣丞薪銀并知縣油燭迎送傘扇等項銀叁拾捌兩陸錢玖分貳釐以上四次共裁銀叁百伍拾伍兩捌錢玖分貳釐附後

裁省數内

攺解

戶部

實存支給銀壹千捌百壹兩柒分叁釐玖毫

外遇閏共加銀壹百肆拾捌兩肆錢貳分貳釐捌

毫壹絲

本縣存留照舊支解銀數

本縣祭祀文廟啓聖鄉賢名宦山川邑厲等壇銀壹

百壹拾貳兩叁錢查此項銀兩於順治肆年該前撫院訂正經制議裁壹半銀伍拾陸兩壹錢伍分免派於民今准部駁全書覈開文廟等壇祭祀銀兩此係向本額

編爲數無幾何得免編應照編用等因在案仍舊
徵給
祭祀之用
分派內

文廟銀肆拾兩捌錢壹分肆釐

啓聖祠銀壹拾兩貳分肆釐

鄉賢名宦祠銀捌兩肆錢叁分陸釐

社稷壇銀壹拾伍兩壹錢叁分陸釐

山川壇銀貳拾壹兩玖錢玖分

邑厲壇銀壹拾伍兩玖錢

文廟朔望行香講書紙筆墨銀柒兩貳錢於順治玖年肆月內

會議全裁

改解戶部

鄉飲酒席銀拾陸兩　此項原編銀貳拾兩內先裁銀肆兩撥補雲龍貳驛缺額馬價

今准部文又裁銀捌兩改解戶部

本縣走遞夫捌拾名皂隸拾肆名俱每名銀柒兩貳錢共銀陸百柒拾陸兩捌錢遇閏加銀叁拾柒兩陸錢　此項於順治拾叁年玖月內准部議裁銀叁分之一應裁銀貳百貳拾伍兩陸錢改解戶部充餉

本縣走遞馬叁拾貳匹每匹銀拾捌兩共銀伍百柒拾陸兩遇閏加銀叁拾貳兩　此項於順治拾叁年玖月內准部議裁銀

叁分之一應裁銀壹百玖
拾貳兩改解户部充餉

桃符門神銀叁兩　此項今准部議裁銀
壹兩伍錢改解户部

新進士牌坊銀柒兩捌錢壹分伍釐

中式舉人牌坊銀壹拾壹兩玖錢叁分貳釐貳毫叁

忽肆微

舊舉人會試盤纏銀壹拾肆兩玖錢壹分伍釐貳毫

陸絲

本縣儒學廪生貳拾名每名廪糧銀貳拾兩共銀肆

百肆拾兩外香燭銀肆兩捌錢遇閏加銀陸兩

錢陸分陸釐陸毫陸絲今准部議裁叁分之二應裁銀壹百陸拾兩改解戶部充餉

歲類考試卷銀陸兩陸錢陸分陸釐陸毫陸絲此項准部文議裁銀叁兩叁錢叁分叁釐叁毫叁絲改解戶部

歲貢生員盤纏銀貳拾兩此項原編銀叁拾兩於順治玖年該前撫院訂正全書毋貢壹名銀肆拾兩縣學貳年壹貢應編銀貳拾兩餘銀壹拾兩撥補雲龍二驛缺額馬價

應試生員盤纏銀壹拾兩此項准部文議裁銀伍兩改解戶部充餉

季考試卷銀壹拾肆兩此項准部議裁銀柒兩改解戶部充餉

科舉謄錄彌封書手對讀生員等銀壹拾兩陸錢陸

分陸釐陸毫此項准部文議裁銀伍兩叁錢叁分叁釐叁毫改解戶部充餉

本府朝

覲路費紙張銀陸兩陸錢陸分陸釐柒毫此項准部文議裁銀三分之二應裁銀肆兩肆錢肆分肆釐肆毫陸絲捌忽改解戶部

本縣朝

覲路費紙張銀叁拾柒兩此項准部文議裁銀叁分之二應裁銀貳拾肆兩陸錢陸分陸釐陸毫改解戶部充餉

本縣儒學廩生膳夫貳名共銀肆拾捌兩查此項先准部文議裁叁分之二應裁銀叁拾貳兩改解戶部案准駁全書發開查經費無內

充貧學膳夫貳名每名丁食銀貳拾兩共銀肆拾兩此
係廪生支領應於款下註明此項多開銀兩攺裁
解部等因查縣廪生膳夫銀兩已與前項儒學款
内支給餘銀拾陸兩撥給龍潭驛抵充浙省馬價

科舉考官鹿鳴等宴脩理等銀壹拾叁兩壹錢柒分
伍釐陸毫叁絲

本府鋪兵貳名每名銀柒兩貳錢共銀拾肆兩肆錢
遇閏加銀壹兩貳錢

本縣察院門子壹名銀叁兩遇閏加銀貳錢伍分此項
原編門子叁名共銀玖兩於順治玖年該前撫院
訂正全書酌留壹名銀叁兩餘貳名銀陸兩内撥
銀叁兩給龍潭驛缺額馬價
銀叁兩攺解戸部

本縣鋪司兵叁拾伍名每名銀柒兩貳錢共銀貳百伍拾貳兩遇閏加銀貳拾壹兩

廣通鎮弓兵拾貳名每名銀柒兩貳錢共銀捌拾陸兩肆錢遇閏加銀叁兩陸錢查此項原編弓兵拾柒名每名銀陸兩共銀壹百貳兩於順治玖年該前撫院訂正全書每司酌留弓兵拾貳名每名銀柒兩貳錢共銀捌拾陸兩肆錢餘銀拾伍兩陸錢撥補雲龍貳驛缺額馬價又於順治拾叁年玖月內准部文議裁銀肆拾叁兩貳錢改解戶部

本縣條編折色項下合用由票紙張銀貳拾叁兩此項於順治玖年該前撫院訂正全書議裁銀拾叁兩奏給本部院冊房抄案吏紙張工食之用今准部

駁全書僉開撫院已有額定經費何得又留銀拾
叁兩以作抄案吏紙張之用應裁解部充餉

協濟安慶府倉折色正米柒拾石壹斗壹升每石折
銀伍錢柒分伍釐共銀肆拾兩叁錢壹分叁釐貳
毫伍絲火耗銀肆錢叁釐壹毫叁絲貳忽伍微此項
先該前撫院撥補雲龍貳驛鈌額馬價今准總漕
部院題歸漕項仍給安慶衛官丁行月貳糧

本府鹽糧銀伍拾柒兩柒錢玖分此項撥補雲龍貳
驛鈌額馬價

本府撥剩銀叁拾玖兩柒錢陸分壹毫叁絲捌忽壹
微陸纖叁沙肆渺陸漠此項原編本府供應今准
部駁全書僉開各府已有
額定經費何得又留撥
剩銀兩應裁解部充餉

協濟江浦縣鹽糧銀叁拾兩此項撥補雲龍貳驛缺額馬價

本府抄案農民銀壹拾壹兩捌錢伍分玖釐此項撥補雲龍貳驛缺額馬價

本縣備用銀貳百兩此項於順治玖年該前撫院訂正全書議裁銀壹百貳拾伍兩撥補雲龍貳驛缺額馬價又於順治拾叁年玖月內准部文議銀柒拾伍兩改解戶部

本縣供應過往上司下程小飯中火等銀壹百肆拾壹兩伍錢此項原編銀叁百伍拾兩內協濟棠邑驛馬價銀陸拾柒兩於順治玖年該前撫院訂正全書議裁銀壹百肆拾壹兩伍錢撥補雲龍貳驛缺額馬價

雲亭驛夫馬銀肆兩伍錢此項撥補龍潭驛缺額馬價

本縣孤貧貳拾捌名每名柴布銀壹兩共銀貳拾捌兩查此項於順治拾叁年奉部議裁充餉續於康熙肆年拾月貳拾陸日奉戶部咨行照舊給與孤貧等因遵依照舊支給外相應註明

脩城夫料銀壹百肆拾兩解費銀貳兩捌錢此項原解本府脩理馴象等肆門幇磚工料之用今仍解本府聽候督撫二部院動支修理本省各處城垣年終報銷再查此項緣鎮江府全書附于南餉項下致奉部駁復准部咨准其照舊動用理合註明

武場供應叁年共銀伍拾兩每年徵銀壹拾陸兩陸錢陸分陸釐陸毫內查此項今准部文裁銀捌兩叁錢叁分叁釐叁毫伍絲改解戶部

學院考試武生供應銀伍兩此項准部文議裁銀貳兩伍錢改解戶部充餉

本縣義民官吏捌名每名銀柒兩貳錢共銀伍拾柒兩陸錢遇閏加銀肆兩捌錢改給常平倉斗級更夫工食　此項據江寧分守道申詳常平壹倉等事蒙　巡撫都院張　批允高淳義民官吏工食既係無碍勸動准抵常平倉斗級更夫繳又准　總督部院馬　批該道所議最妥最當速行報繳又准　按院鍾　批據詳常平壹倉議設斗級更夫措給高淳義民工食可也仍候　督院詳行繳各等因在案改給斗級伍名每名銀柒兩貳錢共銀叁拾陸兩更夫陸名每名銀叁兩陸錢共銀貳拾壹兩陸錢

以上自本縣祭祀文廟啟聖鄉賢名山川邑厲等壇銀起至本縣義民官吏改抵常平倉斗級更夫工

食銀止計叁拾柒款共銀叁千壹百陸拾玖兩零叁分零貳毫叁絲肆忽陸纖叁沙肆渺陸漠內於順治拾叁年玖月內准部議裁府縣應朝考校科舉鄉飲桃符生員廩糧膳夫廣通鎮弓兵工食備用等項銀叁百捌拾兩叁錢壹分壹釐肆絲捌忽又裁夫皂馬銀肆百壹拾柒兩陸錢又准部駁仝青簽開應裁撫院項下改編抄案吏由票并本府撥剩銀伍拾貳兩柒錢陸分壹毫叁絲捌忽壹微陸纖叁沙肆渺陸漠以上三項附後裁省數內改

解戶部又該前巡撫部院周　咨明　內部准撥
補雲龍貳驛缺額馬價銀肆百叁兩貳錢肆分玖
釐并撥給龍潭驛抵兌浙省馬價銀拾陸兩以上
貳項已入前項驛站款內
餘銀壹拾兩貳錢改解
戶部
實存支給銀壹千捌百捌拾捌兩玖錢壹分肆絲柒忽
玖徵遇閏銀壹百柒兩壹錢壹分陸釐陸毫陸絲
本縣解布政司轉解戶部裁剩舊編各衙門俸薪工食等

項銀數

撫院項下共裁銀貳拾陸兩捌錢捌分伍釐肆毫

按院項下共裁銀壹拾玖兩肆錢肆分

本府知府員下共裁銀貳兩肆錢

本府同知員下共裁銀貳拾兩

本府推官員下應裁修宅家伙銀壹拾兩

本縣知縣員下應裁銀貳百伍拾壹兩陸錢玖分

本府經歷知事照磨檢校共裁銀貳拾貳兩捌錢

本府司獄等司金陵等驛共裁銀貳拾兩肆錢

本縣縣丞員下應裁薪銀壹拾陸兩陸錢貳釐

本縣典史巡檢員下共裁銀拾貳兩

府縣裁應朝銀貳拾玖兩壹錢壹分壹釐零陸絲捌忽

鄉飲酒席銀捌兩

桃符門神銀壹兩伍錢

本縣儒學生員廩糧膳夫銀壹百玖拾貳兩

考校科舉修理棚廠花紅工食等銀肆拾壹兩陸錢

玖分玖釐玖毫捌絲

本縣備用銀柒拾伍兩

廣通鎭弓兵銀肆拾叁兩貳錢

本府撥剩銀叁拾玖兩柒錢陸分壹毫叁絲捌忽壹

微陸纖叁沙肆渺陸漠

本縣由票內改編撫院抄案吏銀拾叁兩

走遞夫皂銀貳百貳拾伍兩陸錢

走遞馬銀壹百玖拾貳兩

續裁操院江防解費銀壹拾叁兩肆錢捌分

又奉

部裁漕院邳州供應銀肆兩叁錢肆分伍釐

本縣遵奉部文撥給江浦縣共總裁銀壹千貳百捌拾兩玖錢壹毫叁釐伍毫捌絲陸忽壹微陸纖叁沙肆塵陸渺陸漠內

江淮驛不敷馬價銀貳百玖拾貳兩柒錢柒分壹釐肆毫長夫工食銀肆拾伍兩捌錢

外不在丁田派徵雜辦項下共徵銀陸百陸拾柒兩零陸釐捌毫壹絲貳忽伍微遇閏加銀柒兩陸錢伍分捌釐玖毫壹絲捌忽柒微伍纖

牧馬草場出辦

兵部項下

兵部民牧馬草場田地塘溝共伍拾陸頃陸拾玖畝
捌分叁釐叁毫共該租銀貳百柒拾貳兩肆錢肆
分捌釐　此項原係額外歲徵於順治拾年據該縣
申稱田地塘溝被水患坍沒成湖具詳布
政司轉詳　撫按貳院批允田地塘溝豁免其銀
載入拾年會計編徵續於順治拾肆年玖月內據
布政司信牌開奉　撫院張　批據高淳縣呈詳
爲横徵事奉批馬塲租銀既係額外錢糧不應載
入會計累民代輸仰布政司照舊出編責令得業
人完納徵解既在案仍令佃戶自行輸納

漁戶出辦

工部項下

工部都水司折色黃麻肆千玖觔壹拾叁兩每觔折銀貳分叁釐共折銀玖拾貳兩貳錢貳分伍釐陸毫捌絲柒忽伍微遇閏加蔴壹百拾貳觔叁兩叁錢該銀貳兩伍錢捌分柒毫肆絲叁忽柒微伍纖

工部都水司折色翎毛壹拾貳萬叁千叁百根每根折價銀伍毫共折銀陸拾壹兩陸錢伍分遇閏加翎毛叁千玖百叁拾肆根共銀壹兩玖錢陸分柒釐

工部都水司折色碎翎毛柒百陸根每根折價銀伍毫共折銀叁錢伍分叁釐

工部都水司白蔴叁千壹百觔拾壹兩遇閏加蔴玖
拾貳觔貳錢內該
叁分本色白蔴玖百叁拾觔叁兩叁錢每觔原價叁
分該銀貳拾柒兩玖錢陸釐壹毫捌絲柒忽伍微
遇閏加蔴貳拾柒觔玖兩陸錢陸分該銀捌錢貳
分捌釐壹毫壹絲貳忽伍微
柒分折色白蔴貳千壹百柒拾觔柒兩柒錢每觔折
銀叁分共折銀陸拾伍兩壹錢壹分肆釐肆毫叁
絲柒忽伍微遇閏加蔴陸拾肆觔陸兩伍錢肆分

該銀壹兩玖錢叁分貳釐貳毫陸絲貳忽伍微

工部都水司魚線膠壹百陸拾叁觔拾兩遇閏加膠

肆觔陸兩壹錢陸分內該

叁分本色魚線膠肆拾玖觔壹兩肆錢每觔價銀捌

分該銀叁兩玖錢貳分柒釐遇閏加膠壹觔伍兩

肆分捌釐該銀壹錢伍釐貳毫肆絲

柒分折色魚線膠壹百壹拾肆觔捌兩陸錢每觔折

銀捌分共折銀玖兩壹錢陸分叁釐遇閏加膠叁

觔壹兩壹錢壹分貳釐該銀貳錢肆分伍釐伍毫

陸絲以上本折蘇膠翎毛伍項原載全書黃白麻料銀貳百伍拾肆兩伍錢玖分叁釐伍毫貳絲水脚銀貳兩伍錢肆分伍釐玖毫叁絲伍忽貳微於順治拾壹年肆月內准工部咨開覆查冊內開載錢糧項款數目比本部印冊皆多寡參差不一從來錢糧有一定之規似此額數不符完欠最難稽核　題請自拾壹年爲始將本折錢糧項款數目逐一開列領發該省照數徵解永爲定例遵行在案再查以上本色白蘇魚線膠貳項先於順治玖年拾月內准戶部咨開已經具　題奉

旨各項本色責成布政司每年於壹兩月之前確查時價據實估定申報督撫咨部查核一面經行所屬州縣照估定時價徵銀解交藩司選委職官領銀採買物料裝運解部今新奉

俞旨本色顏料各款令各屬自行採辦徑解內部已遵行該州縣辦解至隨時增價逐年預先報明另編今將舊編銀數照舊造入其[illegible][illegible]銀兩遵照估定時價辦解

工部班匠出辦

輪班人匠陸拾柒名每名銀肆錢伍分共銀叁拾兩壹錢伍分此項於順治貳年准部文免派續於順治拾伍年陸月內奉

旨照舊徵解

工部

改解南省兵餉項下

漁戶出辦

漁課鈔銀拾貳兩伍錢柒分伍釐此項原解南戶部今留充本省兵餉

象湖租出辦

原解南鑾駕庫修理改解本省兵餉銀伍拾玖兩釐

錢玖分伍毫此項原解本府修理今改解布政司留充本省兵餉

學田

本縣學田貳頃壹拾貳畝叁分共徵租銀叁拾壹兩玖錢肆釐此項照舊催徵聽候學院項下支取刊刷考卷及賑濟本縣貧生之用

田畝內免編寬民欵項

本色漕糧水兌耗米數

京倉兌運免耗米伍千貳百伍拾壹石陸斗

改兌淮安常盈倉免耗米壹千壹百壹拾陸石叁斗

原解南各衛倉水兌免耗米[illegible]拾肆石伍斗伍

升捌勺

隨漕項下折色銀數

輕賫銀壹千柒百陸兩柒錢柒分水脚銀壹拾柒兩

陸分柒釐柒毫

楞木松板銀叁拾兩壹錢玖分陸釐柒毫

改兌項下貳升變易米銀叁拾柒兩貳錢壹分

隨糧壹升蘆蓆米銀捌拾肆兩貳錢伍分

正次兌壹分簟纜銀壹百陸拾捌兩伍錢水脚銀壹

兩陸錢捌分伍釐

淄夫工食銀壹百柒拾捌兩伍錢

陸升過江米銀陸百柒兩柒錢

雜辦內減徵寬民款項

課程

本縣折色房屋酒醋鈔壹千貳百捌拾柒貫捌百柒拾文每貫折銀陸毫共銀柒錢柒分貳釐柒毫貳絲貳忽

本色窖冶鈔壹百貳拾捌貫肆拾叁文銅錢貳千柒百叁拾貳文伍分遇閏加[illegible]叁毫柒絲錢伍

百伍拾捌文

漁課

原解南鰣魚廠船網銀壹百壹拾兩肆錢鰣魚廠船網銀陸拾肆兩捌錢以上肆項於順治叁年奉

招撫内院洪　訂正經制改

編前欵南餉項下田畝徵解

其城市鄉村店戸漁戸免編

句容縣

一縣田畝大總

原額田地山塘蘆蕩草場共壹萬肆千肆百玖拾玖頃肆拾貳畝壹毫內

徵田柒千叄百陸拾叄頃伍拾捌畝壹分壹毫每畝起派本色漕南米肆升叄合伍勺陸抄玖撮柒粟壹粒捌顆叄黍共徵本色米叄萬貳千捌拾貳石肆斗叄升捌合玖勺玖抄伍撮肆圭玖粟捌粒貳顆陸黍每畝起派稅糧條鞭并玖釐地畝銀伍分

玖釐陸毫壹絲貳忽玖微叁纖柒沙玖塵肆渺壹
漠共徵銀肆萬叁千捌百玖拾陸兩肆錢陸分玖
釐柒毫柒絲柒忽壹微壹纖玖塵捌渺壹漠
荒田陸拾捌項壹拾柒畝捌釐每畝起派荒白銀肆
分壹釐貳毫伍絲共徵荒白銀貳百捌拾壹兩貳
錢肆釐伍毫伍絲
徵地貳千伍百柒拾貳項貳拾叁畝貳分叁毫每畝
起派本色漕南米壹升陸合玖勺伍抄肆圭叁粟
伍粒肆黍共徵本色米肆千捌百柒拾肆石肆斗

玖升壹合陸勺壹撮伍圭陸粟伍粒壹顆貳黍每
畝起泒稅糧條鞭并玖釐地畝銀貳分伍釐玖毫
柒絲玖忽玖微叁纖叁沙肆塵柒渺陸漠共徵銀
陸千陸百捌拾貳兩陸錢肆分壹釐柒毫伍忽玖
纖陸沙柒塵柒渺叁漠

荒地貳拾捌頃伍拾肆畝叁分陸釐柒毫每畝起泒
荒白銀貳分捌釐柒毫伍絲共徵荒白銀捌拾貳
兩陸分貳釐伍毫伍絲壹忽貳微伍纖

山叁千捌百陸頃肆拾叁畝捌分玖釐貳毫每畝起

派本色漕南米叁合捌勺柒抄柒撮柒圭貳粟叁
粒伍顆陸黍共徵本色米壹千肆百柒拾陸石叁
升壹合柒勺捌抄捌撮貳圭柒粟伍粒叁顆玖黍
每畝起派稅糧條鞭幷玖釐地畝銀伍釐肆毫捌
絲陸忽壹微貳纖叁沙柒渺柒漠共徵銀貳千捌
拾捌兩貳錢伍分玖釐貳毫叁絲玖忽玖微叁纖
伍沙柒塵玖渺叁漠

塘肆百柒拾柒頃柒畝壹分伍釐陸毫每畝起派本
色漕南米陸合肆勺陸抄貳撮捌圭柒粟貳粒陸

顆共徵本色米貳百柒拾陸石壹升玖勺捌撮叁
圭玖粟壹粒捌顆肆黍每畝起泒稅糧條鞭幷玖
釐地畝銀捌釐柒毫貳絲陸忽捌微柒纖壹沙柒
塵玖渺伍漠共徵銀叁百柒拾貳兩陸錢玖分玖
釐捌毫柒絲伍忽壹微貳纖伍沙貳塵陸渺叁漠
蘆蕩草塌貳百叁拾叁頃叁拾捌畝貳分貳毫每畝
起泒本色漕南米陸合肆勺陸抄貳撮捌圭柒粟
貳粒陸顆共徵本色米壹百伍拾石捌斗叁升壹
合捌勺貳抄陸撮貳圭陸粟玖粒叁顆玖黍每畝

起派稅糧條鞭并玖釐地畝銀捌釐柒毫貳絲陸
忽捌微柒纖壹沙柒塵玖渺伍漠共徵銀貳百叁
兩陸錢陸分玖釐肆毫玖絲陸忽柒微柒纖壹沙
玖塵柒渺柒漠
以上本縣田地山塘蘆蕩草塲各科則不等䝉起存
錢糧實數驗派共徵稅糧條鞭荒白并玖釐地畝
銀伍萬叁千陸百柒兩柒釐壹毫玖絲伍忽貳微
玖纖柒塵捌渺柒漠
內除優免鄉紳舉貢生員吏承等户銀壹百貳拾

陸兩柒錢捌分陸釐陸毫貳絲捌忽肆微伍纖貳沙捌渺柒漠照得優免一項案准部文不免起解各部正供止免存留雜辦差徭錢糧但紳衿雜職間有陞遷事故逐年增減不一今照見在確數開載如有消長該縣預詳院司于每年派糧易知由单內再爲增減報部查考續於順治拾伍年肆月內准部議停免改解戶部

實徵稅糧條鞭荒白弁地畝銀伍萬叁千肆百捌拾兩貳錢貳分伍毫陸絲陸忽捌微叁纖捌沙柒塵

實徵本色漕南孤貧米豆叁萬捌千捌百伍拾玖石捌斗伍合壹勺貳抄

一縣人丁大總

原額人丁肆萬陸千壹百肆拾捌丁於順治伍年審增人丁伍拾陸丁原額審增共人丁肆萬陸千貳百肆丁每丁一例徵銀壹錢叁分捌釐共徵銀陸千叁百柒拾陸兩壹錢伍分貳釐內除鄉紳舉貢生員吏承等戶優免人丁玖百玖拾陸丁共免銀壹百叁拾柒兩肆錢肆分捌釐於順治拾伍年肆月內准部文止免鄉紳舉貢生員本身壹丁實免銀柒拾壹兩捌錢玖分捌釐餘丁并吏承不免銀改解戶部充餉外

實在當差人丁肆萬伍千貳百捌丁共徵銀陸千貳百叁拾捌兩柒錢肆釐

一縣田地人丁大總

丁田共實徵夏稅秋糧地畝條鞭折色銀伍萬玖千

柒百壹拾捌兩玖錢貳分肆釐伍毫陸絲陸忽捌

微叁纖捌沙柒塵內

夏稅銀壹千玖拾柒兩捌錢捌分伍絲內本色銀叁

百陸拾兩叁錢叁分伍釐伍毫叁絲柒忽伍微折

色銀柒百叁拾柒兩伍錢肆分肆釐伍毫壹絲貳

忽伍微

秋糧銀伍萬捌千陸百貳拾壹兩肆分肆釐伍毫壹絲

陸忽捌微叁纖捌沙柒塵

戶部本折銀壹萬捌千玖百叁拾壹兩捌錢伍釐柒

毫玖絲陸忽貳微叁塵

禮部折色銀壹千貳拾兩柒錢肆分壹釐伍毫

兵部折色銀陸千貳拾貳兩肆錢

工部本折銀肆千貳百壹拾叁兩壹錢壹分壹釐捌

毫
鋪墊銀肆拾陸兩叁錢玖分伍釐
四部本折水脚綱司解費等銀壹千玖拾貳兩肆錢
壹分玖釐貳毫玖絲捌忽壹纖壹沙玖漠
輕齎等銀叁千捌百壹拾柒兩陸分肆釐捌毫柒忽
肆微
本色蓆木板片等銀肆拾玖兩叁錢肆分貳釐貳毫
叁絲
改解南省折色并本色米豆項下綱司水脚門籌等

銀肆千肆百伍拾叁兩肆錢壹分壹釐玖毫柒絲

肆忽伍微陸纖

驛站銀柒千捌百伍拾壹兩玖錢玖分捌釐肆絲捌忽

兵餉銀壹千玖百陸拾叁兩伍分壹毫玖絲壹微捌

纖陸沙貳塵叁渺

各衙門銀陸百壹拾伍兩叁錢伍釐捌毫壹絲捌忽

捌微

經費銀貳千陸百玖拾柒兩玖錢伍分捌釐肆毫貳

絲貳忽肆微

存留支給銀肆千零捌拾壹兩柒錢貳分玖釐貳

絲肆忽陸微

裁省解部銀貳千捌百陸拾貳兩壹錢玖分陸毫伍

絲陸忽陸微捌纖壹沙壹塵陸渺壹漠

外優免丁糧貳項解部銀壹百玖拾貳兩叁錢叁分陸釐陸毫貳絲捌忽肆微伍纖貳沙捌渺柒漠

實徵本色漕糧米貳萬捌千捌百伍拾玖石捌

斗伍合壹勺貳抄内

本色漕糧正耗米叄萬叄千叄百陸拾柒石伍斗

本色留充本省兵馬米豆伍千貳百陸拾玖石壹斗

伍合壹勺貳抄

本色存留孤貧米貳百貳拾叄石貳斗

外不在田畝人丁派徵

雜項出辦

兵部牧馬㘬地工部班匠本縣學田等租銀壹千伍

拾肆兩玖錢玖分柒釐玖毫貳絲

本縣解布政司轉解肆部折色銀數

夏稅折色起運

戶部項下折色

銀硃銀貳百叁拾叁兩肆錢叁分柒釐伍毫鋪墊銀捌兩伍錢伍分玖釐叁毫柒絲伍忽水脚銀貳兩叁錢叁分肆釐叁毫柒絲伍忽解費銀肆兩陸錢陸分捌釐柒毫伍絲　此項原解甲字庫本色銀硃壹百叁拾觔每觔原編價銀伍錢鋪墊銀壹錢壹分於順治拾年陸月內奉

旨除解本色外該折色銀硃柒拾柒觔拾叁兩每觔折銀叁兩共銀貳百叁拾叁兩肆錢叁分柒釐伍毫鋪墊銀捌兩伍錢伍分玖釐叁毫柒絲伍忽水脚銀貳兩叁錢叁分肆釐叁毫柒絲伍忽解費銀肆兩陸錢陸分捌釐柒毫伍絲

膩硃銀壹兩伍錢陸分柒釐伍毫鋪墊銀玖錢柒釐伍毫水脚銀壹分伍釐陸毫柒絲伍忽解費銀叁分壹釐叁毫伍絲此項原解甲字庫本色膩硃柒拾觔每觔原編價銀壹錢玖分鋪墊銀壹錢壹分於順治拾年陸月內奉

旨除解本色外該折色膩硃捌觔肆兩每觔折銀壹錢玖分共銀壹兩伍錢陸分柒釐伍毫鋪墊銀玖錢柒釐伍毫水脚銀壹分伍釐陸毫柒絲伍忽解費銀叁分壹釐叁毫伍絲

藤黃銀壹兩捌錢柒分伍釐鋪墊銀壹兩叁分壹釐貳毫伍絲水脚銀壹分捌釐柒毫伍絲解費銀叁分柒釐伍毫此項原解甲字庫本色藤黃貳拾伍觔每觔原編價銀壹錢鋪墊銀壹錢

壹分於順治拾年陸月內奉
旨除解本色外該折色藤黃玖觔陸兩每觔折銀貳錢共
銀壹兩捌錢柒分伍釐鋪墊銀壹兩叁分壹釐貳
毫伍絲水脚銀壹分捌釐柒毫伍絲解費銀叁分
柒釐
伍毫

黑鉛銀壹拾肆兩壹錢陸分陸釐貳毫伍絲鋪墊銀
貳兩貳錢貳分陸釐壹毫貳絲伍忽水脚銀壹錢
肆分壹釐陸毫陸絲貳忽伍微解費銀貳錢捌分
叁釐叁毫貳絲伍忽此項原解甲字庫本色黑鉛
肆百壹拾捌觔每觔原編價
銀叁分伍釐鋪墊銀壹分壹釐於順治拾年陸月
內奉
旨除解本色外該折色黑鉛貳百貳觔陸兩每觔折銀柒
分共銀壹拾肆兩壹錢陸分陸釐貳毫伍絲鋪墊

銀貳兩貳錢貳分陸釐壹毫貳絲伍忽水脚銀壹錢肆分壹釐陸毫陸絲貳忽伍微解費銀貳錢捌分叁釐叁毫

貳絲伍忽

烏梅銀壹拾壹兩柒錢捌分貳釐伍毫鋪墊銀叁兩貳錢肆分壹毫捌絲柒忽伍微水脚銀壹錢壹分柒釐捌毫貳絲伍忽解費銀貳錢叁分伍釐陸毫伍絲此項原解甲字庫本色烏梅叁百陸拾觔每觔原編價銀貳分鋪墊銀壹分壹釐於順治拾年陸月內奉

旨除解本色外該折色烏梅貳百玖拾肆觔玖兩每觔折銀肆分共銀壹拾壹兩柒錢捌分貳釐伍毫鋪墊銀叁兩貳錢肆分壹毫捌絲柒忽伍微水脚銀壹錢壹分柒釐捌毫貳絲伍忽解費銀貳錢叁分伍釐陸毫伍絲

生銅銀壹拾貳兩鋪墊銀貳兩肆錢水脚銀壹錢貳分解費銀貳錢肆分此項原解丁字庫本色生銅壹百伍拾觔每觔原編價銀伍分鋪墊銀壹分陸釐於順治拾年陸月內奉
旨全改折該折色生銅壹百伍拾觔每觔折銀捌分共銀壹拾貳兩鋪墊銀貳兩肆錢水脚銀壹錢貳分解費銀貳錢肆分

紅熟銅銀叁拾玖兩柒錢陸分叁釐柒毫伍絲鋪墊銀肆兩捌錢玖分肆釐水脚銀叁錢玖分柒釐陸毫叁絲柒忽伍微解費銀柒錢玖分伍釐貳毫柒絲伍忽此項原解丁字庫本色紅熟銅叁百玖拾觔每觔原編價銀壹錢鋪墊銀壹分陸釐於順治拾年陸月奉
旨除解本色外該折色紅熟銅叁百伍觔拾肆兩每觔折

銀壹錢叁分共銀叁拾玖兩柒錢陸分叁釐柒毫
伍絲鋪墊銀肆兩捌錢玖分肆釐水脚銀叁錢玖
分柒釐陸毫叁絲柒忽伍微解費
銀柒錢玖分伍釐貳毫柒絲伍忽

黃蠟銀叁拾玖兩陸錢鋪墊銀壹兩伍錢捌分肆釐
水脚銀叁錢玖分陸釐解費銀柒錢玖分貳釐此項
原解丁字庫本色黃蠟壹百叁拾觔柒兩每觔原
編價銀貳錢鋪墊銀壹分陸釐於順治拾年陸月
內奉
旨除解本色外該折色黃蠟玖拾玖觔每觔折銀肆錢共
銀叁拾玖兩陸錢鋪墊銀壹兩伍錢捌分肆釐
水脚銀叁錢玖分陸釐解費銀柒錢玖分貳釐

牛筋銀叁兩貳錢鋪墊銀叁錢貳分水脚銀叁分貳
釐解費銀陸分肆釐此項原解丁字庫本色牛筋貳拾觔每觔原編價銀捌分

鋪墊銀壹分陸釐於順治拾年陸月內奉
旨全改折該折色牛筋貳拾觔每觔折銀壹錢陸分共銀
叁兩貳錢鋪墊銀叁錢貳分水脚
銀叁分貳釐解費銀陸分肆釐

水牛角銀貳拾兩鋪墊銀壹兩肆錢水脚銀貳錢解
費銀肆錢此項原解丁字庫本色水牛角貳拾副
每副原編價銀壹錢鋪墊銀柒分於順
治拾年陸月內奉
旨全改折該折色水牛角貳拾副每副折銀壹兩共銀貳
拾兩鋪墊銀壹兩肆錢水
脚銀貳錢解費銀肆錢

黃牛皮銀壹兩柒錢陸分鋪墊銀陸錢肆分水脚銀
壹分柒釐陸毫解費銀叁分伍釐貳毫此項原解
丁字庫本
色黃牛皮捌張每張原編銀貳錢貳分鋪墊銀捌
分於順治拾年陸月內奉

旨全改折該折色黃牛皮捌張每張折銀貳錢貳分共銀壹兩柒錢陸分鋪墊銀陸錢肆分水脚銀壹分柒釐陸毫解費銀叁分伍釐貳毫

藾草銀壹兩伍錢水脚銀壹分伍釐解費銀叁分此項原解南供用庫今改解京本色藾草叁百觔每觔原編價銀貳釐伍毫於順治拾年陸月內奉旨全改折該折色藾草叁百觔每觔折銀伍釐共銀壹兩伍錢水脚銀壹分伍釐解費銀叁分

以上戶部自折色銀硃銀起至藾草銀止計壹拾貳欵共銀肆百壹拾玖兩貳錢柒分肆釐伍毫壹絲貳忽伍微內正銀叁百捌拾兩陸錢伍分貳釐伍毫鋪墊銀貳拾柒兩貳錢貳釐肆毫叁絲柒忽伍微水脚銀叁兩捌錢陸釐伍毫貳絲伍忽解費銀柒兩陸錢壹分叁釐伍絲

秋糧折色起運

戶部項下折色

太倉庫米折銀叁千壹百壹拾兩柒錢玖分叁釐壹毫貳絲壹忽貳微叁塵水脚銀叁拾壹兩壹錢柒釐玖毫叁絲壹忽貳微壹纖貳沙叁漠解費銀陸拾貳兩貳錢壹分伍釐捌毫陸絲貳忽肆微貳纖肆沙陸漠

此項原額折色米伍千壹百捌拾肆石陸斗伍升伍合貳勺貳撮伍顆每石折銀陸錢共銀叁千壹百壹拾兩柒錢玖分叁釐壹毫貳絲壹忽貳微叁塵水脚銀叁拾壹兩壹錢柒釐玖毫叁絲壹忽貳微壹纖貳沙叁漠解費銀陸拾貳兩貳錢壹分伍釐捌毫陸絲貳忽肆微貳纖

肆沙

陸漠

光祿寺米折銀叄百柒拾伍兩伍錢伍分水脚銀叄兩柒錢伍分伍釐伍毫解費銀柒兩伍錢壹分壹釐

此項原額折色米伍百叄拾陸石伍斗每石折銀柒錢共銀叄百柒拾伍兩伍錢伍分水脚銀叄兩柒錢伍分伍釐伍毫解費銀柒兩伍錢壹分壹釐

京庫草折銀壹千陸百捌拾壹兩貳分水脚銀壹拾陸兩捌錢壹分貳毫解費銀叄拾叄兩陸錢貳分肆毫

此項原額馬草伍萬陸千叄拾肆包每包折銀叄分共銀壹千陸百捌拾壹兩貳分水脚銀壹拾陸兩捌錢壹分貳毫解費銀叄拾叄兩陸錢貳分肆毫

玖釐地畝銀壹萬叁千貳百玖兩玖錢貳分伍釐捌
毫水脚銀壹百叁拾貳兩玖分玖釐貳毫伍絲捌
忽解費銀貳百陸拾肆兩壹錢玖分捌釐伍毫壹
絲陸忽此項全書未載於萬曆末年加編今順治肆年奉
旨照舊編派徵解
以上戶部自太倉庫米折銀起至玖釐地畝銀止計
肆款共銀壹萬捌千玖百貳拾捌兩陸錢柒釐伍
毫捌絲捌忽捌微叁纖陸沙叁塵玖漠內正銀壹萬捌千
叁百柒拾柒兩貳錢捌分捌釐玖毫貳絲壹忽貳
微叁塵水脚銀壹百捌拾叁兩柒錢柒分貳釐捌

毫捌絲玖忽貳微壹纖貳沙叁漠解費銀叁百陸拾柒兩伍錢肆分伍釐柒毫柒絲捌忽肆微貳纖肆沙陸漠

夏稅折色起運

禮部項下折色

光祿寺麥折銀叁百玖兩水脚銀叁兩玖分解費銀陸兩壹錢捌分此項原解戶部今改解禮部原額折色麥叁百玖石每石折銀壹兩共銀叁百玖兩水脚銀叁兩玖分解費銀陸兩壹錢捌分

秋糧折色起運

禮部項下折色

禮部肥豬雞鵞等銀伍百壹拾壹兩貳錢水脚銀伍
兩壹錢壹分貳釐解費銀壹拾兩貳錢貳分肆釐
禮部折色藥材并紅黃紙價銀貳拾柒兩柒錢玖分
壹釐伍毫水脚銀貳錢柒分柒釐玖毫壹絲伍忽
解費銀伍錢伍分伍釐捌毫叁絲
蒼朮銀壹百柒拾貳兩柒錢伍分水脚貳拾陸兩伍錢
伍分叁毫捌絲柒忽伍微解費銀叁兩肆錢伍分
伍釐此項原解禮部本色蒼朮陸千玖百壹拾觔
每觔價銀柒釐共銀肆拾捌兩叁錢柒分水
脚銀叁拾肆兩捌錢壹分玖釐捌毫伍絲於萬曆
肆拾柒年改折壹千柒百肆拾貳觔每觔折銀貳

分伍釐共銀肆拾叁兩伍錢伍分水脚銀肆錢叁
分伍釐伍毫實徵本色蒼术伍千壹百陸拾捌觔
每觔原價柒釐共銀叁拾陸兩壹錢柒分陸釐實
該本色水脚銀貳拾陸兩壹錢壹分肆釐捌毫捌
絲柒忽伍微於順治捌年玖月內奉
旨全改折該折色蒼术陸千玖百壹拾觔每觔折銀貳分
伍釐共銀壹百柒拾貳兩柒錢伍分水脚銀貳拾
陸兩伍錢伍分叁毫捌絲柒忽伍微解費銀叁兩
肆錢伍
分伍釐

以上禮部自光祿寺麥折起至折色蒼术止計肆款
共銀壹千柒拾陸兩壹錢捌分陸釐陸毫叁絲貳
忽伍微內正銀壹千貳拾兩柒錢肆分壹釐伍毫
水脚銀叁拾伍兩叁分叁毫貳忽伍微解費銀貳

拾兩肆錢壹分肆釐捌毫叁絲

兵部項下折色

兵部備用馬價銀伍千柒拾兩水脚銀伍拾兩柒錢解費銀壹百壹兩肆錢此項原額折色馬壹百陸拾玖匹每匹原編銀貳拾肆兩共銀肆千伍拾陸兩水脚銀肆拾兩伍錢陸分於順治貳年陸月內准太僕寺劉　題准俵馬無論本折每匹徵銀叁拾兩除原編外新折銀壹千壹拾肆兩水脚銀壹拾兩壹錢肆分原額新折共銀伍千柒拾兩水脚銀伍拾兩柒錢解費銀壹百壹兩肆錢

兵部草料銀玖百伍拾兩水脚銀玖兩伍錢解費銀壹拾玖兩

太僕寺短班醫獸銀貳兩肆錢水脚銀壹分貳釐解費銀肆分捌釐

以上兵部自備用馬價起至太僕寺短班醫獸止計叁欵共銀陸千貳百叁兩陸分內正銀陸千貳拾貳兩肆錢水脚銀陸拾兩貳錢壹分貳釐解費銀壹百貳拾兩肆錢肆分捌釐

工部項下折色

營繕司料價銀壹千貳百伍拾捌兩玖錢柒分捌毫捌絲水脚銀壹拾貳兩伍錢捌分玖釐柒毫捌忽捌微解費銀貳拾伍兩壹錢柒分玖釐肆毫壹絲

柒忽陸微
虞衡司料價銀陸百貳拾玖兩肆錢捌分伍釐肆毫
肆絲水脚銀陸兩貳錢玖分肆釐捌毫伍絲肆忽
肆微解費銀壹拾貳兩伍錢捌分玖釐柒毫捌忽
捌微
都水司料價銀壹千壹百壹兩伍錢玖分玖釐伍毫
貳絲水脚銀壹拾壹兩壹分伍釐玖毫玖絲伍忽
貳微解費銀貳拾貳兩叁分壹釐玖毫玖絲肆微
屯田司料價銀玖百肆拾肆兩貳錢貳分捌釐壹毫

陸絲水脚銀玖兩肆錢肆分貳釐貳毫捌絲壹忽

陸微解費銀壹拾捌兩捌錢捌分肆釐伍毫陸絲

叁忽貳微

營繕司顏料銀貳百柒兩叁錢捌分玖釐水脚銀貳

兩柒分叁釐捌毫玖絲解費銀肆兩壹錢肆分柒

釐柒毫捌絲

都水司黄麻銀玖兩貳錢柒分壹釐捌毫柒絲伍忽

水脚銀玖分貳釐柒毫壹絲捌忽柒微伍纖解費

銀壹錢捌分伍釐肆毫叁絲柒忽伍微遇閏加銀

貳錢伍分玖釐伍毫陸絲捌忽柒微伍纖查此項原額河
泊所麻料銀兩於順治拾壹年肆月內准部頒發
欵目冊開載折色黃麻肆百叁觔貳兩每觔折價
貳分叁釐共銀玖兩貳錢柒分壹釐捌毫柒絲伍
忽水脚銀玖分貳釐柒毫壹絲捌忽柒微伍纖解
費銀壹錢捌分伍釐肆毫叁絲柒忽伍微遇閏加
麻壹拾壹觔肆兩伍錢該銀貳錢伍分玖釐伍毫
陸絲捌忽
柒微伍纖

都水司白麻銀陸兩伍錢肆分柒釐伍毫叁絲柒忽
伍微水脚銀陸分伍釐肆毫柒絲伍忽叁微柒纖
伍沙解費銀壹錢叁分玖毫伍絲柒微伍纖遇閏
加銀壹錢玖分肆釐壹毫壹絲捌忽柒微伍纖查此

項原額河泊所麻料銀兩於順治拾壹年肆月內
准部頒發欵目冊開載白麻叁百壹拾壹觔拾貳
兩陸錢遇閏加麻玖觔叁兩玖錢於順治拾年陸
月內奉
旨除解本色外該折色白麻貳百壹拾捌觔肆兩貳分每
觔折銀叁分共銀陸兩伍錢肆分柒釐伍毫叁絲
柒忽伍微水脚銀陸分伍釐肆毫柒絲伍忽叁微
柒纖伍沙解費銀壹錢叁分玖毫伍絲柒微伍纖
遇閏加麻陸觔柒兩伍錢叁分該折銀壹
錢玖分肆釐壹毫壹絲捌忽柒微伍纖

都水司魚線膠銀玖錢貳分壹釐伍毫伍絲水脚銀
玖釐貳毫壹絲伍忽伍微解費銀壹分捌釐肆毫
叁絲壹忽遇閏加銀貳分肆釐陸毫伍忽查此項原額河
泊所麻料銀兩於順治拾壹年肆月內准部頒發
欵目冊開載魚線膠壹拾陸觔柒兩叁錢遇閏加

膠柒兩叁分於順治拾年陸月內奉
旨除解本色外該折色魚線膠壹拾壹觔捌兩叁錢壹分
每觔折銀捌分共銀玖錢貳分壹釐伍毫伍絲水
脚銀玖釐貳毫壹絲伍忽伍微解費銀壹分捌釐
肆毫叁絲壹忽遇閏加膠肆兩玖錢
貳分壹釐該銀貳分肆釐陸毫伍忽

御用監匠役衣糧銀伍拾壹兩肆錢玖分陸釐捌毫
水脚銀伍錢壹分肆釐玖毫陸絲捌忽解費銀壹
兩貳分玖釐玖毫叁絲陸忽遇閏加銀肆兩貳錢
玖分叁釐伍毫壹絲捌忽查此項原額銀肆拾伍
兩叁錢陸分叁釐遇閏
加銀叁兩捌錢捌分伍釐於順治拾壹年
肆月內准部頒發欵目冊開改編前數

以上工部自營繕司料價起至御用監匠役衣糧止

計玖款共銀肆千叁百叁拾陸兩貳錢捌釐捌絲伍忽叁微柒纖伍沙遇閏加銀肆兩柒錢柒分壹釐捌毫壹絲貳微內正銀肆千貳百玖兩玖錢壹分柒毫陸絲貳忽伍微水脚銀肆拾貳兩玖分玖釐壹毫柒忽陸微貳纖伍沙解費銀捌拾肆兩壹錢玖分捌釐貳毫壹絲伍忽貳微伍纖

本縣解布政司轉解戶部本色物料數

夏稅本色起運

戶部項下本色

甲丁二庫銀硃等料原編銀陸拾貳兩玖錢肆分肆

釐叁毫柒絲伍忽鋪墊銀壹拾玖兩壹錢玖分貳

釐伍毫陸絲貳忽伍微貼備使費等銀伍拾捌兩

伍錢貳分壹釐貳毫共銀壹百肆拾兩陸錢伍分

捌釐壹毫叁絲柒忽伍微內該辦解

甲字庫

本色銀硃伍拾貳觔叁兩每觔原編銀伍錢鋪墊銀

壹錢壹分該價銀貳拾陸兩玖分叁釐柒毫伍絲

鋪墊銀伍兩柒錢肆分陸毫貳絲伍忽

本色臙硃陸拾壹觔拾貳兩每觔原編銀壹錢玖分

鋪墊銀壹錢壹分該價銀壹拾壹兩柒錢叁分貳釐伍毫鋪墊銀陸兩柒錢玖分貳釐伍毫

本色藤黄壹拾伍觔拾兩每觔原編銀壹錢鋪墊銀壹錢壹分該價銀壹兩伍錢陸分貳釐伍毫鋪墊銀壹兩柒錢壹分捌釐柒毫伍絲

本色黑鉛貳百壹拾伍觔拾兩每觔原編銀叁分伍釐鋪墊銀壹分壹釐該價銀柒兩伍錢肆分陸釐捌毫柒絲伍忽鋪墊銀貳兩叁錢柒分壹釐捌毫柒絲伍忽

本色烏梅陸拾伍觔柒兩每觔原編銀貳分鋪墊銀
壹分壹釐該價銀壹兩叁錢捌釐柒毫伍絲鋪墊
銀柒錢壹分玖釐捌毫壹絲貳忽伍微
本色紅熟銅捌拾肆觔貳兩每觔原編銀壹錢鋪墊
銀壹分陸釐該價銀捌兩肆錢壹分貳釐伍毫鋪
墊銀壹兩叁錢肆分陸釐
本色黄蠟叁拾壹觔柒兩每觔原編銀貳錢鋪墊銀
壹分陸釐該價銀陸兩貳錢捌分柒釐伍毫鋪墊
銀伍錢叁釐　查甲丁二庫銀硃等料原編價銀壹百柒拾伍兩叁錢玖分玖釐陸絲貳

忽伍微鋪墊銀肆拾捌兩壹錢柒分玖釐柒毫壹絲貳忽伍微內除撥解折色銀壹百壹拾貳兩肆錢伍分肆釐陸毫捌絲柒忽伍微鋪墊銀貳拾捌兩玖錢捌分柒釐壹毫伍絲實存原編銀陸拾貳兩玖錢肆分肆釐叁毫柒絲伍忽鋪墊銀壹拾玖兩壹錢玖分貳釐伍毫陸絲貳忽伍微

承運庫

原解南今改解京本色壹分貳釐絹叁拾疋陸分每疋原編價銀柒錢共銀貳拾壹兩肆錢貳分外綱司銀壹拾貳兩叁錢陸分貳釐肆毫

供用庫

原解南今改解京原編本色黃白蠟銀捌拾玖兩伍

錢水脚銀捌錢玖分伍釐綱司銀玖拾伍兩伍錢
共銀壹百捌拾伍兩捌錢玖分伍釐內該辦解
本色黃蠟叁百叁拾伍觔每觔原編價銀貳錢共銀
陸拾柒兩
本色白蠟肆拾伍觔每觔原編價銀伍錢共銀貳拾
貳兩伍錢　查此貳項原解南供用庫今改解北原編銀玖拾兩貳錢伍分水脚銀玖錢貳釐伍毫綱司銀玖拾伍兩伍錢內除撥解折色蘋草銀柒錢伍分水脚銀柒釐伍毫實存原編銀捌拾玖兩伍錢水脚銀捌拾玖兩伍錢綱司銀玖拾伍兩伍錢
以上甲丁承運供用肆庫本色銀硃絲絹黃白蠟
等項價值先於順治玖年拾月內准戶部咨開已

旨各項本色責成布政司每年於壹兩月之前確查時價
經具　題奉
據實估定申報督撫咨部查考一面徑行所屬州
縣照估定時價徵銀解交藩司遴委職官領銀採
買物料裝運解部今新奉
俞旨本色物料各欵令各屬自行採辦徑解內部已遵行
該州縣辦觧至隨時增價逐一預先報明另編今
將舊編銀數照舊造入其不敷銀兩遵照估定時
價徵
辦

以上戶部本色顏料等項自本色銀硃起至本色白
蠟止計拾欵共銀叁百陸拾兩叁錢叁分伍釐伍
毫叁絲柒忽伍微內正銀壹百柒拾叁兩捌錢陸分肆釐叁毫柒絲伍忽鋪墊
銀壹拾玖兩壹錢玖分貳釐伍毫陸絲貳忽伍微
綱司水脚貼備使費等銀壹百陸拾柒兩貳錢柒

分捌釐
陸毫

本縣兌運本色漕糧米數

秋糧本色起運

戶部項下本色

正兌漕米壹萬捌千捌百陸拾柒石每石加耗肆斗

該耗米柒千伍百肆拾陸石捌斗共正耗米貳萬

陸千肆百壹拾叁石捌斗

改兌漕米伍千叁百肆拾玖石每石加耗叁斗該耗

米壹千陸百肆石柒斗共正耗米陸千玖百伍拾

叁石柒斗

以上戶部本色漕米壹欵共正耗米叁萬叁千叁百

陸拾柒石伍斗

本縣支給運官蓆木銀數

本色叁分蘆蓆銀叁拾陸兩叁錢貳分肆釐

本色叁分木板銀壹拾叁兩壹分捌釐貳毫叁絲

本縣解淮安府漕河貳庫輕齎河工銀數

貳陸輕齎米銀壹百捌拾壹兩柒錢玖分肆釐水脚

銀壹兩捌錢壹分柒釐玖毫肆絲解費銀叁兩陸

錢叁分伍釐捌毫捌絲查此項原額銀貳千貳百貳拾貳兩壹錢伍釐伍毫內撥出舊額河工銀壹百捌拾捌兩陸錢柒分水脚銀壹兩捌錢捌分陸釐柒毫又撥出改派河工車盤銀壹千捌百肆拾兩捌分陸釐水脚銀壹拾捌兩肆錢捌毫陸絲除撥出外實編前數

隨糧壹升蘆蓆米銀捌拾肆兩柒錢伍分陸釐解費銀壹兩陸錢玖分伍釐壹毫貳絲查此項原額銀壹百貳拾壹兩捌分內撥出本色叁分銀叁拾陸兩叁錢貳分肆釐給發運官辦解實編前數

椤木松板銀叁拾兩叁錢柒分伍釐捌毫柒絲解費銀陸錢柒釐伍毫壹絲柒忽肆微查此項原額銀肆拾叁兩叁錢

玖分肆釐壹毫內撥出本色叁分銀壹拾叁兩壹分捌釐貳毫叁絲給發運官辦解實編前數

正改兌壹分蘆纜銀貳百肆拾貳兩壹錢陸分水脚銀貳兩肆錢貳分壹釐陸毫解費銀肆兩捌錢肆分叁釐貳毫

改兌項下貳升變易米銀伍拾叁兩肆錢玖分解費銀壹兩陸分玖釐捌毫

陸升過江米銀捌百柒拾壹兩柒錢柒分陸釐以上陸項徵解淮安府漕庫

舊額河工銀壹百捌拾捌兩陸錢柒分水脚銀壹兩

捌錢捌分陸釐柒毫解費銀叁兩柒錢柒分叁釐
肆毫
輕齎改派河工車盤銀壹千捌百肆拾兩捌分陸釐
水脚銀壹拾捌兩肆錢捌毫陸絲解費銀叁拾陸
兩捌錢壹釐柒毫貳絲以上貳項原係輕齎銀內撥出另解
溜夫工食銀貳百肆拾貳兩壹錢陸分解費銀肆兩
捌錢肆分叁釐貳毫以上叁項徵解淮安府河庫
以上隨漕輕齎河工等項自本色蘆蓆起至溜夫工
食止計壹拾壹款共銀叁千捌百陸拾陸兩肆錢

柒釐叁絲柒忽肆微內正銀叁千柒百捌拾肆兩陸錢壹分壹毫水脚銀貳拾肆兩伍錢貳分柒釐壹毫解費銀伍拾柒兩貳錢陸分玖釐捌毫叁絲柒忽肆微

工部項下本色

都水司本色白麻玖拾叁觔捌兩伍錢捌分每觔原編價銀叁分該銀貳兩捌錢陸釐捌絲柒忽伍微遇閏加麻貳觔拾貳兩叁錢柒分該銀捌分叁釐壹毫玖絲叁忽柒微伍纖查此項准部頒發本色白麻叁百壹拾壹觔拾貳兩陸錢於順治拾年陸月內奉旨除改解柒分折色外該本色白麻玖拾叁觔捌兩伍錢捌分每觔原編價銀叁分共銀貳兩捌錢陸釐捌絲柒忽伍微遇閏加麻貳觔拾貳兩叁錢柒分該

銀捌分叁釐壹毫玖
絲叁忽柒微伍纖
都水司本色魚線膠肆觔拾肆兩玖錢玖分每觔原
編價銀捌分共銀叁錢玖分肆釐玖毫伍絲遇閏
加膠貳兩壹錢玖釐該銀壹分伍毫肆絲伍忽查此
項准部頒發本色魚線膠壹拾陸觔柒兩叁錢於
順治拾年陸月內奉
旨除改解柒分折色外該本色魚線膠肆觔拾肆兩玖錢
玖分每觔原編價銀捌分共銀叁錢玖分肆釐玖
毫伍絲遇閏加膠貳兩壹錢玖釐該銀壹分伍毫
肆絲伍忽
以上本色白麻魚線膠貳項准部駁全書簽開仍
解本色者價值奉
旨照刊全書價值開列每年貳月內督撫確查時估
題明塡入易知由单內照數派徵委官辦解不許遺累

民

間

以上工部都水司本色白麻魚線膠貳欵共銀叁兩貳錢壹釐叁絲柒忽伍微遇閏加銀玖分叁釐柒毫叁絲捌忽柒微伍纖

本縣解省倉轉給省城兵馬糧料本色米豆數

原解南酒醋麪袥改解江寧倉本色料豆肆拾伍石稻皮貳百石准正米壹拾石共正米豆伍拾伍石每石加耗貳斗船錢叁升盤用伍升共貳斗捌升該耗米豆壹拾伍石肆斗共正耗米豆柒拾石肆

斗綱司水脚銀貳拾肆兩此項原額本色荍豆叁拾石稻皮貳百石准正米壹拾石每石加耗貳斗船錢叁升盤用伍升共貳斗捌升該耗米壹拾壹石貳斗綱司水脚銀貳拾肆兩於順治柒年拾壹月初玖日准總督戶部咨明北部每荍豆壹石易料豆壹石伍斗改編前數其綱司銀兩改充本省兵餉

原解南供用庫改解江寧倉本色黑豆伍拾石黃豆柒石伍斗共正豆伍拾柒石伍斗每石加耗貳斗船錢叁升盤用伍升共貳斗捌升該耗豆壹拾陸石壹斗共正耗豆柒拾叁石陸斗綱司水脚銀叁拾肆兩伍錢共綱司水脚銀兩改充本省兵餉

原解南神宮監改解江寧倉本色白熟糯米壹拾壹石准糙粳正米壹拾貳石壹斗芝麻壹拾石今奉文每石改徵黑豆貳石伍斗准正豆貳拾伍石糙粳正米壹百貳拾貳石黃豆叁拾叁石菉豆貳拾貳石今奉文每石改徵黑豆壹石伍斗准正豆叁拾叁石稻穀陸拾陸石准正米叁拾叁石共准正米豆貳百伍拾捌石壹斗每石加耗貳斗船錢叁升盤用伍升共貳斗捌升該耗米豆柒拾貳石貳斗陸升捌合共正耗米豆叁百叁拾石叁斗陸升

捌合綱司水脚銀玖拾貳兩捌錢肆分查此項米豆於順治柒年拾壹月初玖日准總督戶部咨明北部改編前數其綱司水脚銀兩改充本省兵餉

原解南長安左等肆門倉改解江寧倉本色正米壹千伍拾柒石伍斗柒升每石加耗貳斗船錢叁升盤用伍升共貳斗捌升該耗米貳百玖拾陸石壹斗壹升玖合陸勺共正耗米壹千叁百伍拾叁石陸斗捌升玖合陸勺外水脚門籌銀陸拾叁兩肆錢伍分肆釐貳毫其水脚門籌銀兩改充本省兵餉

原解南各衛倉改解江寧倉本色無耗黑豆叁百貳

拾伍石伍斗捌升水脚耗費銀陸錢伍分壹釐壹毫陸絲其水脚耗費銀兩改充本省兵餉

原解南各衛倉改解江寧倉水兌平米貳千肆百叁拾叁石玖斗伍升玖合每石加耗貳斗船錢叁升盤用伍升共貳斗捌升該耗米陸百捌拾壹石伍斗捌合伍勺貳抄共正耗米叁千壹百壹拾伍石肆斗陸升柒合伍勺貳抄此項正耗米石坐派本省各衛官丁行月貳糧

以上留充本省兵馬糧料本色米豆自酒醋麵局料豆起至各衛倉水兌平米止計陸欵共米豆伍千

貳百陸拾玖石壹斗伍合壹勺貳抄綱司水脚門

籌銀貳百壹拾伍兩肆錢肆分伍釐叄毫陸絲內

正米豆肆千壹百捌拾柒石柒斗玖合耗米

豆壹千捌拾壹石叄斗玖升陸合壹勺貳抄

本縣存留本色米數

養濟院孤貧陸拾貳名口每名口給本色米叄石陸

斗共米貳百貳拾叄石貳斗遇閏加米壹拾捌石

陸斗

本縣解布政司留充本省兵餉等項支用銀數

稅糧起運

戶屬項下改充南餉

各衛倉麥折銀貳拾伍兩貳錢水脚銀壹錢貳分陸

釐解費銀伍錢肆釐此項原解南戶部各衛倉折
色麥陸拾叁石每石折銀肆
錢共銀貳拾伍兩貳錢水脚銀壹
錢貳分陸釐解費銀伍錢肆釐

庫絲絹折銀壹百伍拾柒兩捌分水脚銀壹兩伍錢

柒分捌毫解費銀叁兩壹錢肆分壹釐陸毫此項
原額
折色捌分捌釐絹貳百貳拾肆疋肆分每疋折銀
柒錢共銀壹百伍拾柒兩捌分水脚銀壹兩伍錢
柒分捌毫解費銀叁兩
壹錢肆分壹釐陸毫

定場草折銀壹百玖拾伍兩玖錢叁分水脚銀玖錢

柒分玖釐陸毫伍絲解費銀叁兩玖錢壹分捌釐

陸毫此項原額戶部定塲草壹萬捌百捌拾伍包每包折銀壹分捌釐共銀壹百玖拾伍兩玖錢叁分水脚銀玖錢柒分玖釐陸毫伍絲解費銀叁兩玖錢壹分捌釐陸毫

均徭起運

戶屬項下改充南餉

房屋鈔銀貳兩伍錢壹分捌釐貳毫肆絲肆忽解費銀伍分叁毫陸絲肆忽捌微捌纖

酒醋鈔銀貳兩伍錢壹分捌釐貳毫肆絲肆忽解費銀伍分叁毫陸絲肆忽捌微捌纖

寳鈔課程銀貳拾伍兩貳錢叁釐壹毫綱司銀捌兩

解費銀伍錢肆釐陸絲貳忽

鯡魚廠船綱什物工食銀柒拾壹兩壹錢柒分玖釐

伍毫貳絲伍忽加增銀玖兩綱司水脚銀壹拾壹

兩伍錢陸分解費銀壹兩陸錢叁釐伍毫玖絲伍

微

鰣魚廠船綱等銀壹拾玖兩柒錢肆分伍釐加增銀

壹拾兩解費銀伍錢玖分肆釐玖毫

鯡魚廠催事巡欄壹名銀柒兩貳錢解費銀壹錢肆

分肆釐
廣惠庫銅錢壹萬柒千柒拾柒文解費錢叁百肆拾
壹文
戸部庫子肆名共銀柒拾貳兩水脚銀叁錢陸分解
費銀壹兩肆錢肆分
戸部扣減民壯肆拾名共銀貳百捌拾捌兩解費銀
伍兩柒錢陸分
肆門倉脚夫銀柒拾玖兩貳錢水脚銀叁錢玖分貳
釐解費銀壹兩伍錢捌分肆釐

光祿寺醫獸銀壹拾兩水脚銀壹錢解費銀貳錢

涼樓什物銀伍兩柒錢陸分貳釐壹絲伍忽水脚銀

壹兩壹錢伍分柒釐肆毫解費銀壹錢壹分伍釐

貳毫肆絲叁微

光祿寺庫子銀貳拾陸兩水脚銀貳錢陸分解費銀

伍錢貳分

戶部鹽倉庫秤銀柒拾貳兩水脚銀叁錢陸分解費

銀壹兩肆錢肆分

冰窨局門子銀壹拾貳兩水脚銀陸分解費銀貳錢

肆分

酒醋局醫獸銀肆兩水脚銀貳分解費銀捌分

禮屬項下改充南餉

禮部折色藥材銀陸兩叁錢貳分陸釐玖毫解費銀

壹錢貳分陸釐伍毫叁絲捌忽

神樂觀膳夫銀肆拾貳兩水脚銀貳錢壹分解費銀

捌錢肆分

太醫院庫秤銀貳拾捌兩水脚銀壹錢肆分解費銀

伍錢陸分

兵屬項下改充南餉

大勝關弓兵銀叁百壹拾肆兩伍錢水脚銀叁兩壹錢肆分伍釐解費銀陸兩貳錢玖分

兵部柴薪皁隷銀壹百伍拾陸兩水脚銀叁兩壹錢貳分加錠銀叁兩玖錢解費銀叁兩壹錢貳分

兵部分司皁隷銀伍拾兩水脚銀伍錢解費銀壹兩

京衛武學齋夫銀叁拾陸兩水脚銀柒錢貳分解費銀柒錢貳分

通政司鋪兵銀壹百貳拾肆兩捌錢水脚銀陸錢貳

分肆釐解費銀貳兩肆錢玖分陸釐

總督部院皂隸銀貳拾捌兩捌錢水脚銀貳錢捌分

捌釐解費銀伍錢柒分陸釐

寧太道公費什物銀壹拾玖兩叁錢陸分叁釐捌毫

解費銀叁錢捌分柒釐貳毫柒絲陸忽

寧太道皂隸銀叁拾陸兩解費銀柒錢貳分

寧太道民壯銀陸拾肆兩捌錢解費銀壹兩貳錢玖

分陸釐

寧太道水手銀肆兩貳錢叁分伍釐解費銀捌分肆

釐柒毫

各道門子銀柒兩貳錢水脚銀貳分捌釐捌毫解費

銀壹錢肆分肆釐

犒勞牛羊菓酒銀貳拾玖兩捌錢肆分解費銀伍錢

玖分陸釐捌毫

上司操練民兵花紅銀壹拾兩解費銀貳錢

刑屬項下改充南餉

刑部庫子銀壹百貳拾貳兩肆錢水脚銀壹兩貳錢

貳分肆釐解費銀貳兩肆錢肆分捌釐

都察院庫子銀壹百捌兩水脚銀壹兩捌分解費銀
貳兩壹錢陸分
刑部禁子銀陸拾叁兩水脚銀陸錢叁分解費銀壹
兩貳錢陸分又海防内抵解銀伍百壹拾叁兩水
脚銀伍兩壹錢叁分解費銀壹拾兩貳錢陸分
刑部土工銀叁拾陸兩水脚銀壹錢捌分解費銀柒
錢貳分
大理寺斗級銀肆拾玖兩貳錢水脚銀貳分解費銀
玖錢捌分肆釐

賦役全書　江寧府句容縣　三三

安樂堂土工銀叁拾陸兩水脚銀壹錢捌分解費銀

柒錢貳分

浣衣局土工銀貳拾肆兩水脚銀壹錢貳分解費銀

肆錢捌分

工屬項下改充南餉

工部織染所庫秤銀肆拾貳兩水脚銀貳錢壹分解

費銀捌錢肆分

惜薪司柴夫銀壹百玖拾柒兩玖錢貳分解費銀叁

兩玖錢伍分捌釐肆毫

國子監門子銀柒兩貳錢水脚銀叁錢陸分解費銀壹錢肆分肆釐

國子監饌肉銀貳百兩解費銀肆兩

太常寺壇夫銀伍拾兩肆錢水脚銀貳錢伍分貳釐解費銀壹兩捌釐

太常寺鹽糧銀叁百捌拾捌兩叁錢叁分伍釐解費銀柒兩柒錢陸分陸釐柒毫此項係後項本府鹽糧銀内撥解

各監局柴夫銀肆拾玖兩壹錢解費銀玖錢捌分貳釐

江東門飯堂土工銀貳拾肆兩解費銀肆錢捌分

淮安府倉折色正米貳百伍拾伍石每石折銀伍錢

共銀壹百貳拾柒兩伍錢水脚銀壹兩貳錢柒分

伍釐解費銀貳兩伍錢伍分此項未解該府於順治拾壹年該前巡撫部院清出留充本省抵補缺額豆價咨明北部改解布政司仍充兵餉

以上留充本省兵餉自各衛倉麥折起至協濟淮安

府米折止計伍拾壹款共銀肆千貳百叁拾柒兩

玖錢陸分陸釐陸毫壹絲肆忽伍微陸纖內正銀肆千壹百柒兩伍錢叁分叁釐捌毫貳絲捌忽綱司水脚加錠銀肆拾捌兩貳錢捌分貳釐陸毫伍絲解

費銀捌拾貳兩壹錢伍分
壹毫叁絲陸忽伍微陸纖

本縣解給驛站協濟銀數

驛站

龍江遞運所座船水夫貳拾肆名每名銀柒兩貳錢
外修船銀貳兩共銀貳百貳拾兩捌錢遇閏加銀
壹拾肆兩肆錢

紅船水夫壹拾陸名每名銀柒兩貳錢共銀壹百壹
拾伍兩貳錢遇閏加銀玖兩陸錢

接遞水夫貳拾肆名每名銀柒兩貳錢共銀壹百柒

拾貳兩捌錢遇閏加銀壹拾肆兩肆錢

龍江水馬驛站船水夫貳拾貳名每名銀柒兩貳錢

共銀壹百伍拾捌兩肆錢遇閏加銀壹拾叁兩貳

錢

龍江水馬驛支應銀壹百貳拾兩捌錢陸分遇閏加

銀壹拾兩柒分壹釐陸毫柒絲

龍江驛斗級壹名銀柒兩貳錢庫子壹名銀捌兩共

銀壹拾伍兩貳錢遇閏加銀壹兩貳錢陸分陸釐

陸毫陸絲

江東驛原編馬驢共銀壹百叁拾叁兩伍錢又海防
內抵給銀貳百肆拾壹兩叁錢叁分貳項共銀叁
百柒拾肆兩捌錢叁分遇閏加銀叁拾壹兩貳錢
叁分伍釐捌毫肆絲
江東驛斗級壹名銀壹拾兩庫子壹名銀陸兩陸錢
改作轎傘人夫工食貳項共銀壹拾陸兩陸錢遇
閏加銀壹兩叁錢捌分叁釐叁毫叁絲
江淮驛驢叁頭每頭銀貳拾壹兩共銀陸拾叁兩遇
閏加銀伍兩貳錢伍分

大勝驛站船水大壹拾捌名每名銀柒兩貳錢共銀

壹百貳拾玖兩陸錢遇閏加銀壹拾兩捌錢

大勝驛支應銀肆拾兩遇閏加銀叁兩叁錢叁分叁

釐叁毫肆絲

雲亭驛步夫陸拾叁名每名銀柒兩貳錢共銀肆百

伍拾叁兩陸錢遇閏加銀叁拾柒兩捌錢

雲亭驛支應銀叁百捌拾玖兩貳錢遇閏加銀叁拾

貳兩肆錢叁分叁釐叁毫叁絲

雲亭驛庫子壹名銀叁兩陸錢遇閏加銀叁錢

龍潭驛上中下馬陸匹驢伍頭共銀叁百叁拾捌兩叁錢叁分遇閏加銀貳拾捌兩壹錢玖分肆釐壹毫柒絲

龍潭驛步夫肆拾伍名每名銀柒兩貳錢共銀叁百貳拾肆兩遇閏加銀貳拾柒兩

龍潭驛支應銀貳百兩遇閏加銀壹拾陸兩陸錢陸分陸釐陸毫柒絲

龍潭驛庫斗各壹名共銀柒兩貳錢遇閏加銀陸錢

棠邑驛上下馬貳匹驢叁頭共銀壹百肆拾兩叁錢

叁分遇閏加銀壹拾壹兩陸錢玖分肆釐壹毫柒

絲

金陵驛原編驢價銀肆拾貳兩又海防內抵給銀陸

百肆兩叁錢貳分又改編操馬涼樓什物蜜糖等

項銀柒百陸拾伍兩玖錢貳分壹釐陸毫叁項共

銀壹千肆百壹拾貳兩貳錢肆分壹釐陸毫遇閏

加銀壹百壹拾柒兩陸錢捌分陸釐捌毫

江寧驛驢貳頭共銀肆拾貳兩又撥給抵兌浙省馬

價銀貳百叁拾兩肆錢貳項共銀貳百柒拾貳兩

肆錢
遇閏加銀貳拾貳兩柒錢
雲亭驛上中下馬壹拾壹匹驢貳拾叁頭共銀玖百
貳兩叁錢貳分又海防抵給銀壹百玖拾兩又撥
補缺額馬價銀陸百玖拾貳兩玖錢玖分陸釐肆
毫肆絲捌忽叁項共銀壹千柒百捌拾伍兩叁錢
壹分陸釐肆毫肆絲捌忽
遇閏加銀壹百肆拾捌兩柒錢柒分陸釐叁毫柒
絲

東葛驛原編驢價銀叁拾壹兩伍錢又海防内抵給

馬價銀壹千陸拾陸兩玖錢玖分貳項共銀壹千

玖拾捌兩肆錢玖分

遇閏加銀玖拾壹兩伍錢肆分零捌毫叁絲

以上驛站自龍江遞運所座船水夫銀起至東葛驛

驢價止計貳拾叁欵共銀柒千捌百伍拾壹兩玖

錢玖分捌釐肆絲捌忽

遇閏共加銀陸百伍拾兩零叁錢叁分叁釐壹毫

玖絲

本縣解漕操貳院兵餉銀數

均徭

漕標兵餉項下

海防兵餉銀伍百伍拾貳兩壹錢陸分貳釐陸毫捌絲柒忽貳微伍沙水脚銀貳兩柒錢陸分捌毫壹絲解費銀壹拾壹兩肆分叁釐貳毫伍絲叁忽柒微肆纖肆沙壹塵查此項原解常州府聽候江寧撫院動支給散兵餉今改解淮安府聽候漕撫動支給發江北營兵餉原編銀叁千壹百陸拾柒兩捌錢貳釐陸毫捌絲柒忽貳微伍沙水脚銀壹拾陸兩玖錢伍分伍釐陸毫壹絲內除抵給江東驛馬價銀貳百肆拾壹兩叁錢叁

分又抵給雲亭驛馬價銀壹百玖拾兩又抵給東葛驛馬價銀壹千陸拾陸兩玖錢玖分又撥給金陵驛馬價銀陸百肆兩叁錢貳分原編水脚銀玖兩陸分肆釐捌毫內撥補雲亭驛缺額馬價銀陸兩肆分叁釐貳毫以上撥抵各驛馬價銀貳千壹百貳兩陸錢肆分又水脚撥補馬價銀陸兩肆分叁釐貳毫俱已入前項驛站款內又抵解南刑部禁子工食銀伍百壹拾叁兩水脚銀伍兩壹錢叁分已入前項南餉數內餘水脚銀叁兩貳分壹釐陸毫免編於民實解海防銀伍百伍拾貳兩壹錢陸分貳釐陸毫捌絲柒忽貳微伍沙水脚銀貳兩柒錢陸分捌毫壹絲解費銀壹拾壹兩肆分叁釐貳毫伍絲叁忽柒微肆纖肆沙壹塵

池陽兵餉銀壹百叁拾貳兩捌錢叁分貳釐陸毫貳絲叁忽陸微肆纖伍沙玖塵捌渺水脚銀陸錢陸

分肆釐壹毫陸絲叁忽壹微壹纖捌沙貳塵叁渺

解費銀貳兩陸錢伍分陸釐陸毫伍絲貳忽肆微

柒纖貳沙玖塵貳渺查此項原解池州府聽候操院動支池陽鎮兵餉今池陽鎮改歸池陽營其銀改解淮安府聽候漕撫支給江北營兵餉

操院兵餉項下

操院兵餉銀玖百柒拾陸兩加編銀壹百肆拾兩解

費銀貳拾貳兩叁錢貳分遇閏加銀陸拾肆兩

操院抽取江淮江東龍潭叁司防守弓兵拾壹名內

陸名每名銀壹拾貳兩又伍名每名銀壹拾兩共

銀壹百貳拾貳兩水脚銀陸錢壹分遇閏加銀壹拾兩壹錢陸分陸釐陸毫陸絲

以上兵餉自海防銀起至防守弓兵銀止計肆款共銀壹千玖百陸拾叁兩伍分壹毫玖絲壹微捌纖陸沙貳塵叁渺遇閏加銀柒拾肆兩壹錢陸分陸釐陸毫陸絲內正銀壹千玖百貳拾貳兩玖錢玖分伍釐叁毫壹絲捌微伍纖玖塵捌渺水脚銀肆兩叁分肆釐玖毫柒絲叁忽壹微壹纖捌沙貳塵叁渺解費銀叁拾陸兩壹分玖釐玖毫陸忽貳微壹纖柒沙貳渺

本縣解各衙門銀數

均徭

撫院項下供應改編册房寫本吏銀柒拾玖兩叁錢玖分解費銀壹兩伍錢捌分柒釐捌毫此項銀兩准部駁全書簽開撫院已有額派書吏廪給銀兩何得又設此欵寫本吏銀應裁解部充餉

按院廪給監生廪糧副本等銀叁拾兩水脚銀壹錢貳分新增心紅銀捌兩解費銀柒錢陸分照額解院停差解部充餉

學院供應銀壹拾陸兩伍錢陸分叁毫肆絲伍忽水脚銀陸分陸釐貳毫肆絲壹微加編銀壹拾叁兩

貳錢陸分伍釐解費銀伍錢玖分陸釐伍毫陸忽

玖微遇閏加銀貳兩肆錢捌分伍釐肆毫肆絲

協濟蘇松學院銀叁兩伍錢

漕院邳州供應銀陸兩叁錢肆釐水脚銀壹兩貳錢

江南供應機房柴夫脚價銀柒拾壹兩柒錢肆釐叁

毫肆絲解費銀壹兩肆錢叁分肆釐捌絲陸忽捌

微

江南供應機房修理機張渠泛線價銀叁百兩解費

銀陸兩

江南供應機房下程人役工食銀壹百伍拾貳兩壹
錢解費銀叁兩肆分貳厘
江南布政司曆日銀叁拾伍兩水脚柒錢
江南布政司朝
覲路費紙張叁年共銀壹拾兩每年徵銀叁兩叁錢叁分
叁厘叁毫
江南按察司朝
覲路費紙張叁年共銀壹兩伍錢每年徵銀伍錢
以上解各衙門自撫院冊房寫本吏起至按察司朝

覲止計拾壹欵共銀柒百叁拾伍兩壹錢陸分叁厘陸毫

壹絲捌忽捌微准部駁簽開應裁撫院寫本銀捌

拾兩玖錢柒分柒厘捌毫又裁按院監生廪糧等

銀叁拾捌兩捌錢捌分附後裁省數内解部充餉

實解各衙門銀陸百壹拾伍兩叁錢伍厘捌毫壹絲

捌忽捌微遇閏加銀貳兩肆錢捌分伍厘肆毫肆

絲

本縣解給府縣各員俸薪衙役工食銀數

本府知府員下分派本縣

心紅紙張銀伍拾兩遇閏加銀肆兩壹錢陸分陸釐
陸毫陸絲
桌圍傘扇銀貳兩伍錢於順治拾叁年玖月內准部議裁解部充餉
書辦貳拾肆名每名銀陸兩共銀壹百肆拾肆兩遇
閏加銀壹拾貳兩經制原每名銀壹拾兩捌錢今每名裁銀肆兩捌錢共裁銀壹
百壹拾伍兩貳錢改解
戶部
門子壹名銀陸兩遇閏加銀伍錢經制原編銀柒兩貳錢今裁銀壹兩
貳錢改解
戶部
馬快拾名每名連草料共銀壹拾陸兩捌錢共銀壹

百陸拾捌兩遇閏加銀壹拾肆兩經制原每名工食并草料銀壹拾捌兩案准總督部院馬　咨准戶部咨開除每名歲支草料銀壹拾兩捌錢工食銀柒兩貳錢今每名止裁工食銀壹兩貳錢共裁銀壹拾貳兩攺解戶部

步快壹拾陸名每名銀陸兩共銀玖拾陸兩遇閏加銀捌兩經制原每名銀柒兩貳錢今每名裁銀壹兩貳錢共裁銀壹拾玖兩貳錢攺解

戶部

皂隸玖名每名銀陸兩共銀伍拾肆兩遇閏加銀肆兩伍錢經制原每名銀柒兩貳錢今每名裁銀壹兩貳錢共裁銀壹拾兩捌錢攺解

戶部

獄卒貳名每名銀陸兩共銀壹拾貳兩遇閏加銀壹兩經制原每名銀柒兩貳錢今每名裁銀壹兩貳錢共裁銀貳兩肆錢改解

戶部

庫書壹名銀陸兩遇閏加銀伍錢經制原編銀壹拾貳兩今裁銀陸兩

解部

倉書壹名銀陸兩遇閏加銀伍錢經制原編銀壹拾貳兩今裁銀陸兩

解部

庫子貳名每名銀陸兩共銀壹拾貳兩遇閏加銀壹兩經制原每名銀柒兩貳錢今每名裁銀壹兩貳錢共裁銀貳兩肆錢改解

戶部

斗級陸名每名銀陸兩共銀叁拾陸兩遇閏加銀叁兩經制原每名銀柒兩貳錢今每名裁銀壹兩貳錢共裁銀柒兩貳錢改解

戶部

本府同知員下分派本縣

俸銀壹百壹拾貳兩叁錢叁分貳釐遇閏加銀玖兩叁錢陸分壹釐此項於順治拾叁年玖月內准部議題定將原編薪銀撥出改俸

支給

薪銀叁拾壹兩陸錢陸分捌釐經制原編薪銀叁百叁拾陸兩內於順治

柒年柒月准
部議裁薪銀壹百玖拾貳兩又於順治拾叁年玖
月內准部議撥出銀壹百壹拾貳兩叁錢叁分貳
釐添入俸內餘薪銀叁拾壹兩陸錢陸分捌釐改
解戶部
充餉

心紅紙張銀陸拾兩遇閏加銀伍兩經制原編銀壹百肆拾兩於順
治柒年柒月內准部議裁同知銀
捌拾兩改解戶部

修宅家伙銀捌兩壹錢叁分捌釐叁毫肆絲於順治拾貳年
肆月內准部議
全裁解部充餉

桌圍傘扇銀叁拾兩經制原編銀柒拾兩於順治柒年柒月內准
內部議裁汰銀肆拾兩又於順治拾貳年肆月內
准部議裁銀貳拾肆兩續於順治拾叁年玖月內

部議全裁又裁銀
陸兩攺解戶部

書辦陸名原每名銀拾兩捌錢共銀陸拾肆兩捌錢
於順治柒年柒月准部議全裁
解部

步快貳名每名銀陸兩共銀壹拾貳兩遇閏加銀壹
兩　經制原編步快叁拾肆名原每名銀柒兩貳錢
共銀貳百肆拾肆兩捌錢內於順治柒年柒月
內准部議裁汰叁拾貳名共銀貳百叁拾兩肆錢
撥給江寧驛抵兌浙省馬價餘貳名每名裁銀壹
兩貳錢共銀貳兩肆錢
攺解戶部

皂隸貳拾捌名每名銀陸兩共銀壹百陸拾捌兩遇
閏加銀壹拾肆兩　經制原編皂隸柒拾陸名原每
名銀柒兩貳錢共銀伍百肆拾

柒兩貳錢內於順治柒年柒月內准
部議裁汰肆拾捌名共銀叁百肆拾伍兩陸錢
貳拾捌名又于順治玖年內每名裁銀壹兩貳錢
共裁銀叁拾叁兩陸錢改解
戶部

燈籠夫貳名每名銀陸兩共銀壹拾貳兩遇閏加銀
壹兩此項原編燈籠夫拾名原每名銀柒兩貳錢共銀柒拾貳兩內於順治柒年柒月內准部
議裁汰捌名共銀伍拾柒兩陸錢又于順治玖年
內准部文會議每名裁銀壹兩貳錢共裁銀貳兩
肆錢改解
戶部

轎傘扇夫柒名每名銀陸兩共銀肆拾貳兩遇閏加
銀叁兩伍錢此項原編轎傘扇夫叁拾伍名原每名銀柒兩貳錢共銀貳百伍拾貳兩

內於順治柒年柒月內准部議裁汰轎傘扇夫貳拾捌名共銀貳百壹兩陸錢餘柒名又于順治玖年肆月內每名裁銀壹兩貳錢共裁銀捌兩肆錢改解戶部

本府通判員下分派本縣

薪銀貳拾肆兩　於順治柒年柒月內准部議全裁解部

心紅紙張銀壹拾兩遇閏加銀捌錢叁分叁釐叁毫叁絲　此項原編銀玖拾兩於順治柒年柒月內准部議裁汰銀捌拾兩改解戶部

修宅家伙銀貳拾兩　此項原編銀陸拾兩於順治柒年柒月內准內部文議裁汰銀肆拾兩又於順治拾貳年肆月內准部議全裁改解戶部

臬閫傘扇銀貳拾兩　此項原編銀貳拾柒兩伍錢於順治柒年柒月內准部議裁汰

銀柒兩伍錢照数改解　戶部充餉又於順治拾貳年肆月內准部議裁銀壹拾陸兩改解戶部充餉續於順治拾叁年玖月內又裁銀肆兩改解戶部

門子肆名每名銀陸兩共銀貳拾肆兩遇閏加銀貳兩

此項原編門子伍名原每名銀柒兩貳錢共銀叁拾陸兩於順治柒年柒月內准部議裁汰銀柒兩貳錢又於順治玖年內准部文會議餘肆名每名裁銀壹兩貳錢共裁銀肆兩捌錢改解

戶部

本府經歷司員下分派本縣

馬夫壹名銀陸兩遇閏加銀伍錢　經制原編銀柒兩貳錢今裁銀壹兩貳錢改解

戶部

賦役全書　江寧府句容縣　咢

本府司獄司員下分派本縣

皂隸貳名每名銀陸兩共銀壹拾貳兩遇閏加銀壹兩

經制原每名銀柒兩貳錢今每名裁銀壹兩貳錢共裁銀貳兩肆錢改解戶部

廣積庫朝陽司副使貳員下分派本縣

皂隸各貳名每名銀陸兩共銀貳拾肆兩遇閏加銀貳兩

經制原每名銀柒兩貳錢今每名裁銀壹兩貳錢共裁銀肆兩捌錢改解

戶部

本府都稅司聚寶龍江江東叅宣課司常平倉茶引所

龍江鈔關遞運所大使共捌員下分派本縣

皂隸各貳名共壹拾陸名每名銀陸兩共銀玖拾陸兩遇閏加銀捌兩經制原每名銀柒兩貳錢今每名裁銀壹兩貳錢共裁銀壹拾玖兩貳錢改解

戶部

本府江東秣陵江淮叄司巡檢叄員下分派本縣

皂隸各貳名共陸名每名銀陸兩共銀叄拾陸兩遇閏加銀叄兩經制原每名銀柒兩貳錢今每名裁銀壹兩貳錢共裁銀柒兩貳錢改解

戶部

龍江江東金陵叄驛驛丞叄員下分派本縣

俸銀貳拾壹兩捌錢貳分陸釐肆毫貳絲貳忽肆微

遇閏加銀壹兩捌錢壹分捌釐捌毫柒絲

皂隸名貳名共陸名每名銀陸兩共銀叁拾陸兩遇

閏加銀叁兩經制原每名銀柒兩貳錢今每名裁銀壹兩貳錢共裁銀柒兩貳錢改解

戶部

本府儒學教官員下分派本縣

齋夫貳名每名銀壹拾貳兩共銀貳拾肆兩遇閏加

銀貳兩

門子叁名每名銀柒兩貳錢共銀貳拾壹兩陸錢遇

閏加銀壹兩捌錢

廩生膳夫壹名銀貳拾兩遇閏加銀壹兩陸錢陸分陸釐陸毫柒絲查此項案准户部咨開府廩肆拾名應支給銀捌拾兩分派本縣應增銀貳拾兩即於後項膳夫銀内撥入相應註明照數支給

本縣知縣員下照經費新編

俸銀肆拾伍兩遇閏加銀叁兩柒錢伍分經制原編俸銀貳拾柒兩肆錢玖分於順治拾叁年玖月内准部覆題定將薪銀壹拾柒兩伍錢壹分添入以足前數

薪銀壹拾捌兩肆錢玖分經制原編薪銀叁拾陸兩内撥出銀壹拾柒兩伍錢壹分添入俸内餘銀壹拾捌兩肆錢玖分改解户部

心紅紙張銀貳拾兩遇閏加銀壹兩陸錢陸分陸釐

陸毫柒絲經制原編心紅紙張油燭銀叁拾兩於順治拾叁年玖月准部議裁油燭銀壹拾兩改解戶部

修宅家伙銀貳拾兩於順治玖年肆月會議全裁改解戶部

迎送上司傘扇銀壹拾兩於順治拾貳年肆月內會議先裁銀捌兩續於順治拾叁年玖月部議又裁銀貳兩改解戶部

書辦壹拾貳名每名銀陸兩共銀柒拾貳兩遇閏加銀陸兩經制原每名銀壹拾兩捌錢今每名裁銀肆兩捌錢共裁銀伍拾柒兩陸錢改解戶部

門子貳名每名銀陸兩共銀壹拾貳兩遇閏加銀壹

兩經制原每名銀柒兩貳錢今每名裁銀壹兩貳錢共裁銀貳兩肆錢改解

戶部

皂隸壹拾陸名每名銀陸兩共銀玖拾陸兩遇閏加銀捌兩經制原每名銀柒兩貳錢今每名裁銀壹兩貳錢共裁銀壹拾玖兩貳錢改解

戶部

馬快捌名每名連草料銀壹拾陸兩捌錢共銀壹百叁拾肆兩肆錢遇閏加銀壹拾壹兩貳錢經制原每名工食并草料銀壹拾捌兩案准總督部院馬　咨准戶部咨開除每名歲支草料銀壹拾兩捌錢工食銀柒兩貳錢今每名止裁工食銀壹兩貳錢共裁銀玖兩陸錢改解戶部

民壯伍拾名每名銀陸兩共銀叁百兩遇閏加銀貳拾伍兩經制原每名銀柒兩貳錢今每名裁銀壹兩貳錢共裁銀陸拾兩改解

戶部

燈籠夫肆名每名銀陸兩共銀貳拾肆兩遇閏加銀貳兩經制原每名銀柒兩貳錢今每名裁銀壹兩貳錢共裁銀肆兩捌錢改解

戶部

看監禁卒捌名每名銀陸兩共銀肆拾捌兩遇閏加銀肆兩經制原每名銀柒兩貳錢今每名裁銀壹兩貳錢共裁銀玖兩陸錢改解

戶部

修理倉監銀貳拾兩

轎傘扇夫柒名每名銀陸兩共銀肆拾貳兩遇閏加

銀叁兩伍錢經制原每名銀柒兩貳錢今每名裁銀壹兩貳錢共裁銀捌兩肆錢改解

戶部

庫書壹名銀陸兩遇閏加銀伍錢經制原編銀壹拾貳兩今裁銀陸兩

改解戶部

倉書壹名銀陸兩遇閏加銀伍錢經制原編銀壹拾貳兩今裁銀陸兩

改解戶部

庫子肆名每名銀陸兩共銀貳拾肆兩遇閏加銀貳

兩經制原每名銀柒兩貳錢今每名裁銀壹兩貳錢共裁銀肆兩捌錢改解

戶部

斗級肆名每名銀陸兩共銀貳拾肆兩遇閏加銀貳

兩經制原每名銀柒兩貳錢今每名裁銀壹兩貳錢共裁銀肆兩捌錢改解

戶部

本縣縣丞員下照經費新編

俸銀肆拾兩遇閏加銀叁兩叁錢叁分叁釐叁毫肆

絲經制原編俸銀貳拾肆兩貳錢貳釐於順治拾叁年玖月內准部覆

題定將薪銀壹拾伍兩柒錢玖分捌釐添入俸內支給以足前數

薪銀捌兩貳錢貳釐經制原編薪銀貳拾肆兩內撥銀壹拾伍兩柒錢玖分捌釐添入俸銀支給餘銀捌兩貳錢貳釐攺解戶部

書辦壹名銀陸兩遇閏加銀伍錢經制原編銀柒兩貳錢今裁銀壹兩貳錢攺解
戶部

門子壹名銀陸兩遇閏加銀伍錢經制原編銀柒兩貳錢今裁銀壹兩貳錢攺解
戶部

皂隸肆名每名銀陸兩共銀貳拾肆兩遇閏加銀貳兩經制原每名銀柒兩貳錢今每名裁銀壹兩貳錢共裁銀肆兩捌錢攺解
戶部

馬夫壹名銀陸兩遇閏加銀伍錢經制原編銀柒兩貳錢今裁銀壹兩

貳錢改解

戶部

本縣典史員下照經費新編

俸銀叁拾壹兩伍錢貳分遇閏加銀貳兩陸錢貳分

陸釐陸毫陸絲經制原編俸銀壹拾玖兩伍錢貳分於順治拾叁年玖月內准部覆

題定將薪銀壹拾貳兩添

入俸銀以足前數

書辦壹名銀陸兩遇閏加銀伍錢經制原編銀柒兩貳錢今裁銀壹兩

貳錢改解

戶部

門子壹名銀陸兩遇閏加銀伍錢經制原編銀柒兩貳銀今裁銀壹兩

貳錢改解
戶部
皂隸肆名每名銀陸兩共銀貳拾肆兩遇閏加銀貳兩經制原每名銀柒兩貳錢今每名裁銀壹兩貳錢共裁銀肆兩捌錢改解
戶部
馬夫壹名銀陸兩遇閏加銀伍錢經制原編銀柒兩貳錢今裁銀壹兩貳錢改解
戶部
雲亭龍潭貳驛驛丞貳員下照經費新編
俸銀各叁拾壹兩伍錢貳分共銀陸拾叁兩肆分遇閏加銀伍兩貳錢伍分叁釐叁毫叁絲經制每員原編俸銀

壹拾玖兩伍錢貳分於順治拾叁年玖月内准部覆題定每員將原編薪銀壹拾貳兩添入俸銀支給以足前數

書辦各壹名每名銀陸兩共銀壹拾貳兩遇閏加銀壹兩經制原每名銀柒兩貳錢今每名裁銀壹兩貳錢共裁銀貳兩肆錢戶部

皂隸各貳名每名銀陸兩共銀貳拾肆兩遇閏加銀貳兩經制原每名銀柒兩貳錢今每名裁銀壹兩貳錢共裁銀肆兩捌錢戶部

本縣儒學教諭壹員訓導壹員照經費新編

俸銀各叁拾壹兩伍錢貳分共銀陸拾叁兩肆分遇
閏加銀伍兩貳錢伍分叁釐叁毫叁絲經制每員
原編俸銀壹拾玖兩伍錢貳分於順治拾叁年玖月內准部
覆題定將每員原編薪銀壹拾貳兩添入俸銀
以足
前數
齋夫陸名每名銀壹拾貳兩共銀柒拾貳兩遇閏加
銀陸兩
門子伍名每名銀柒兩貳錢共銀叁拾陸兩遇閏加
銀叁兩
學書壹名銀柒兩貳錢遇閏加銀陸錢

教官貳員喂馬草料銀各壹拾貳兩共銀貳拾肆兩

遇閏加銀貳兩

本縣廩生膳夫貳名每名銀貳拾兩共銀肆拾兩遇

閏加銀叁兩叁錢叁分叁釐叁毫叁絲　查此項案准戶部咨開膳夫每學貳名共銀肆拾兩經費錄開載甚明此指縣學廩生貳拾名爲言也如州廩叁拾名應支銀陸拾兩府廩肆拾名應支銀捌拾兩自當按數遞增載入全書至於教官從無支膳銀之例難以准從等因在案查縣廩貳拾名每名銀貳兩共銀肆拾兩相應註明照數支給

以上自本府知府心紅紙張銀起至本縣廩生膳夫

銀止計柒拾伍款共銀肆千叁百肆拾兩捌錢伍

分陸釐柒毫陸絲貳忽肆微內於順治柒年柒月
內准部議裁汰同知通判俸薪衙役工食銀壹千
叁百柒拾兩柒錢又於順治玖年肆月會議裁扣
府縣衙役工食并本縣修宅家伙等銀伍百壹拾
叁兩貳錢又於順治拾貳年肆月會議裁扣本府
修宅家伙并府縣臬園傘扇等銀柒拾陸兩壹錢
叁分捌釐叁毫肆絲又於順治拾叁年玖月內准
部覆
題定照滿官對品支俸應裁本府同知并知縣縣丞薪

銀及府縣桌圍傘扇油燭等銀捌拾貳兩捌錢陸
分以上肆次共裁銀貳千肆拾貳兩捌錢玖分捌
釐叁毫肆絲內於順治拾年閏陸月內
江南總督部院馬　具
題為調劑驛困永除民難事准
部覆准撥給江寧驛抵兌浙省馬價銀貳百叁拾
兩肆錢巳入前項驛站款內支給
實裁銀壹千捌百壹拾貳兩肆錢玖分捌釐叁毫
肆絲附後裁省數內改解

戶部
實存支給銀貳千陸百玖拾柒兩玖錢伍分捌釐肆
毫貳絲貳忽肆微
外遇閏加銀貳百貳拾叁兩壹錢陸分叁釐壹毫
玖絲

本縣存留照舊支解銀數
本縣
文廟啓聖鄉賢山川社稷等壇祭祀共銀壹百壹
拾叁兩肆錢查此項於順治肆年該　前任巡撫
都院訂正經制裁壹半銀伍拾陸兩

柒錢免派於民今准
部駁全書發開　文廟等祭祀銀兩此係向未額
編爲數無幾
應照舊編用

龍池神明句曲山神祭祀銀伍兩

鄉飲酒席銀拾陸兩　查此項原編銀貳拾兩於順治玖年訂正全書議裁銀肆兩撥
補雲龍貳驛缺額馬價又於順治拾叁年內准
部議裁銀捌兩
改解
戶部

桃符門神銀伍兩　查此項原編銀伍兩於順治玖年訂正全書議裁銀貳兩改解
戶部充餉續於順治拾叁年內准
部議裁銀貳兩伍錢
改解
戶部

新進士牌坊銀叁拾柒兩捌錢叁分壹釐肆毫柒絲
叁忽叁微叁纖
中式舉人牌坊銀伍拾柒兩柒錢陸分貳釐柒毫壹
絲壹忽陸微柒纖
本府儒學廩生膳夫銀貳拾捌兩此項原編銀肆拾捌兩內撥出銀貳拾兩增入前項儒學款內餘銀貳拾捌兩改解戶部
本縣儒學廩生貳拾名每名廩糧銀壹拾貳兩共銀
貳百肆拾兩香燭銀肆兩捌錢遇閏加銀陸兩陸
錢陸分陸釐陸毫陸絲此項准部議裁叁分之貳應裁銀壹百陸拾兩改解

戸
部

本縣儒學廩生膳夫貳名共銀肆拾捌兩查此項先准部文議
裁叁分之貳應裁銀叁拾貳兩奉解戸部案准部
駁全書簽開查經費錄內

欽定每學膳夫貳名每名工食銀貳拾兩共銀肆拾兩此
係廩生支領應於款下註明此項多開銀兩奉裁
解部等因查縣廩膳夫銀兩已與前項儒學款內
支給餘銀壹拾陸兩撥補雲龍貳驛鈌額馬價抵
編原撥安慶府仍
歸漕項米折銀兩

歲類考試卷銀壹拾叁兩叁錢叁分叁釐叁毫叁絲
查此項准部文議裁銀陸兩陸錢陸
分陸釐陸毫陸絲伍忽奉解戸部

歲貢生員盤纏銀貳拾兩查此項原編銀叁拾兩於
順治玖年該前撫院訂正

全書每貢壹名銀肆拾兩縣學貳年壹貢應編銀貳拾兩餘銀壹拾兩撥補雲龍貳驛缺額馬價

舊舉人會試盤纏銀柒拾貳兩貳錢叁釐叁毫陸絲

壹忽陸微

應試生員盤纏銀壹拾柒兩伍錢查此項准部文議裁銀捌兩柒錢伍分改解戶部

本府朝

覲路費紙張銀壹拾伍兩此項准部文議裁叁分之貳應裁銀壹拾兩改解戶部

本縣朝

覲路費紙張銀叁拾柒兩此項准部文議裁叁分之貳應裁銀貳拾肆兩陸錢陸分陸釐

陸毫攺
解戶部

本縣孤貧陸拾貳名每名給柴布銀壹兩共銀陸拾
貳兩此項准部議全
裁攺解戶部

季考試卷銀貳拾兩此項准部議裁銀
壹拾兩攺解戶部

文廟朔望行香講書紙筆墨銀柒兩貳錢此項於順
治玖年肆
月會議全裁
攺解　戶部

科場銀玖拾兩柒錢捌分肆釐叁毫叁絲叁忽

科舉謄錄彌封書手對讀生員等銀壹拾柒兩此項
准
部
議裁銀捌兩伍
錢攺解戶部

本縣走遞夫壹百壹拾伍名皂隷肆拾名俱每名銀
柒兩貳錢共銀壹千壹百壹拾陸兩遇閏加銀玖
拾叁兩
本縣走遞馬伍拾伍匹每匹銀壹拾捌兩共銀玖百
玖拾兩遇閏加銀捌拾貳兩伍錢
本府舖兵貳名每名銀柒兩貳錢共銀壹拾肆兩肆
錢遇閏加銀壹兩貳錢
本縣舖司兵陸拾名各編不等共銀叁百玖拾貳兩
編增銀壹百叁拾柒兩貳錢原額編增共銀伍百

貳拾玖兩貳錢遇閏加銀肆拾肆兩壹錢

秣陵鎮弓兵肆名每名銀柒兩貳錢共銀貳拾捌兩捌錢遇閏加銀壹兩貳錢　查此項原編弓兵壹拾叁名共銀柒拾捌兩於順治玖年該前撫院訂正全書酌留肆名共銀貳拾捌兩捌錢餘銀肆拾玖兩貳錢撥補雲龍貳驛缺額馬價又於順治拾叁年玖月內准部議裁銀壹拾肆兩肆錢改解戶部

江東巡檢司弓兵肆名每名銀柒兩貳錢共銀貳拾捌兩捌錢遇閏加銀壹兩貳錢　查此項原編弓兵捌名共銀伍拾柒兩陸錢於順治玖年該前撫院訂正全書酌留肆名共銀貳拾捌兩捌錢餘銀貳拾捌兩捌錢撥補雲龍貳驛缺額馬價又於順治拾叁年玖月內准部議裁銀壹拾肆兩肆錢改解戶部

瓜埠巡檢司弓兵肆名共銀貳拾捌兩捌錢此項於順治玖年該前撫院訂正全書議裁撥補雲龍貳驛缺額馬價

淳化鎮巡檢司弓兵柒名每名銀柒兩貳錢共銀伍拾兩肆錢遇閏加銀貳兩壹錢此項准部議裁銀貳拾伍兩貳錢改解戶部

本府攢造各縣錢糧塡寫由票紙張工食銀肆拾叁兩貳錢查此項原抵給棠邑驛馬價於順治捌年叁月內據上元江寧貳縣申詳該前撫院批允改給本府攢造捌縣會計紙張工食等項支用

雲亭驛夫馬銀陸兩伍錢代溧水縣徵銀伍兩伍錢

共銀壹拾貳兩　此項撥補雲龍貳驛鈌額馬價

恊濟安慶府倉折色正米壹百壹拾玖石捌斗肆升每石折銀伍錢柒分伍釐共銀陸拾捌兩玖錢捌釐水脚銀陸錢捌分玖釐捌絲　此項先該前撫院撥補雲龍貳驛鈌額馬價今准總漕部院　題歸漕項仍給安慶衛官丁行月貳糧

本府常平倉斗級伍名共銀叁拾陸兩　此項該前撫院撥補雲龍貳驛鈌額馬價

本府抄案農民銀壹拾柒兩柒錢捌分捌釐貳毫肆絲捌忽　此項撥補雲龍貳驛鈌額馬價

本縣由票紙張銀叁拾兩查此項於順治玖年該前撫院訂正全書議裁銀壹拾伍兩奏給本院冊房抄案吏紙張工食之用今准部駁全書奓開撫院已有額定經費何得又留銀壹拾伍兩以作抄案吏紙張之用應裁解部充餉

看守大察院門厨各壹名共銀陸兩此項撥補雲龍貳驛缺額馬價

本縣察院并府舘門子貳名每名銀叁兩共銀陸兩遇閏加銀伍錢查此項該前撫院訂正全書酌留貳名共銀陸兩餘貳名銀陸兩撥補雲亭驛缺額馬價

淳化鎮公舘門子壹名銀肆兩遇閏加銀叁錢叁分叁釐叁毫叁絲

明道書院門子銀柒兩貳錢改給督學察院門子工食遇閏加銀陸錢

白兔鎮公館門子壹名銀叁兩遇閏加銀貳錢伍分

看守巡撫察院門子壹名銀柒兩貳錢遇閏加銀陸錢

本府鹽糧銀柒拾伍兩壹錢陸分伍釐查此項原編銀肆百陸拾叁兩伍錢內原撥解太常寺鹽糧銀叁百捌拾捌兩叁錢叁分伍釐今改解本省兵餉已入前項南餉欵內餘銀柒拾伍兩壹錢陸分伍釐撥補雲龍貳驛鈌額馬價

本府撥剩銀壹百柒拾伍兩伍錢伍分壹釐貳毫伍

絲壹忽陸微捌纖壹沙壹塵陸渺壹漠此項原編本府供應今准部駁全書簽開各府已有額定經費何得又留撥剩銀兩應裁解部充餉

本縣備用銀叄百兩查此項原編銀叄百伍拾兩於順治玖年該前撫院訂正全書議裁銀伍拾兩撥補雲亭驛缺額馬價餘銀叄百兩今准部議全裁改解戶部

本縣供應過往上司下程小飯中火等銀貳百兩查此項原編銀貳百柒拾兩於順治玖年該前撫院訂正全書議裁銀柒拾兩撥補雲亭驛缺額馬價

寧太道抽取雲亭龍潭貳驛蔬米共銀肆拾陸兩捌錢查此項該驛不屬本道所轄其銀并未支用似屬無用議裁續該撥補雲亭驛缺額馬價

裁抑海防款內協濟金陵驛馬價存水脚銀陸兩肆

分叁釐貳毫撥補雲亭驛缺額馬價

武場供應叁年共銀陸拾兩每年徵銀貳拾兩今准部議裁銀壹拾兩改解戶部

學院考試武生供應銀壹拾兩今准部議裁銀伍兩改解戶部

新河口把截哨官口糧銀柒兩貳錢

墩夫貳名每名銀柒兩貳錢共銀壹拾肆兩肆錢遇閏加銀壹兩貳錢查此項原編墩夫叁拾肆名共銀貳百肆拾肆兩捌錢於順治玖年該前撫院訂正全書酌留龍潭烟墩夫貳名每名銀柒兩貳錢共銀壹拾肆兩肆錢餘叁拾貳名共銀貳百叁拾兩肆錢撥補雲亭驛缺額馬價

修城夫料銀叁百兩解費銀陸兩此項原解本府修
馴象等肆門幇磚工料支用今仍貯本府聽候
督撫二部院動支修理本省各處城垣支用年終
報銷
本縣吹鼓手壹拾玖名每名銀柒兩貳錢共銀壹百
叁拾陸兩捌錢遇閏加銀壹拾壹兩肆錢此項原載舊全
書內實役民壯貳百陸拾陸名半共銀壹千玖百
壹拾捌兩捌錢內支給於順治肆年內准部須經
費錄內止編知縣員下民壯伍拾名歲支銀叁百
陸拾兩餘銀免編於民續於順治拾叁年拾貳月
拾柒日據吹手錢守貞等連名詞稟本縣爲哀天
憐准恩活疲役事該本縣申詳布政司轉詳蒙巡

撫都院張　批開吹手壹役旣各縣俱照舊編支給句容路當孔道自難畀同准壹體編給承值公務可也此繳等因在案照舊編給

以上存縣支給自本縣文廟祭祀起至本縣吹鼓手止討伍拾貳款共銀伍千柒百肆兩伍錢伍分玖釐玖毫捌絲玖忽貳微捌纖壹沙壹塵陸渺壹漠

內於順治拾叁年玖月內准部議裁府縣應朝鄉飲桃符考校科舉生員廩糧膳夫孤貧柴布弓兵工食備用等項共銀柒百叁拾兩捌分叁釐貳毫陸絲伍忽又准部駁全書簽開應裁本府撥剩并

撫院改編冊房抄案吏本縣由票紙張等項共銀
壹百玖拾兩伍錢伍分壹釐貳毫伍絲壹忽陸微
捌纖壹沙壹塵陸渺壹漠以上貳項俱附後項裁
省欵內改解戶部又該前廵撫部院周　咨明內
部准撥補雲龍貳驛缺額馬價銀陸百玖拾貳兩
玖錢玖分陸釐肆毫肆絲捌忽又撥給江淮東葛
貳驛不敷馬價銀玖兩貳錢見候
部示
實存支給銀肆千捌拾壹兩柒錢貳分玖釐貳

絲肆忽陸微遇閏加銀貳百肆拾陸兩捌錢肆分玖釐玖毫玖絲

本縣解布政司轉解戶部裁剩舊編各衙門俸薪工食等項銀數

撫院項下應裁冊房寫本吏銀柒拾玖兩叁錢玖分解費銀壹兩伍錢捌分柒釐捌毫

按院項下如停差應扣監生廩糧副本等銀叁拾捌兩水脚解費銀捌錢捌分

知府員下裁薪書門等役共銀壹百捌拾肆兩玖錢

同知員下共裁銀壹千玖拾捌兩貳錢陸釐叁毫肆絲
通判員下共裁銀貳百叁兩伍錢
經歷員下裁銀壹兩貳錢
司獄等司各員下共裁銀肆拾兩捌錢
知縣員下共裁銀貳百伍拾壹兩陸錢玖分
縣丞員下共裁銀壹拾陸兩陸錢貳釐
典史員下共裁銀捌兩肆錢
雲龍貳驛驛丞員下共裁銀柒兩貳錢
文廟朔望行香等銀柒兩貳錢

鄉飲酒席銀捌兩

桃符門神銀肆兩伍錢

府縣廩生廩糧膳夫銀貳百貳拾兩

考校科場修理棚廠花紅工食等銀肆拾捌兩玖錢

壹分陸釐陸毫陸絲伍忽

府縣應朝銀叁拾肆兩陸錢陸分陸釐陸毫

本縣孤貧銀陸拾貳兩

各司弓兵銀伍拾肆兩

本縣備用銀叁百兩

本府撥剩銀壹百柒拾伍兩伍錢伍分壹釐貳毫伍絲壹忽陸微捌纖壹沙壹塵陸渺壹漠

本縣由票內改編撫院抄案銀壹拾伍兩

本縣通共總裁銀貳千捌百陸拾貳兩壹錢玖分陸毫伍絲陸忽陸微捌纖壹沙壹塵陸渺壹漠內按院項下銀兩如不停差照舊起解

外不在田畝人丁額徵欵項

兵部項下

牧馬草場田地山塘共叁百陸拾玖頃肆拾貳畝捌分柒毫共租銀伍百柒拾陸兩捌錢貳分貳釐水脚銀伍兩柒錢陸分捌釐貳毫貳絲

工部項下

工部輪班人匠伍百玖拾玖名每名徵銀肆錢伍分共銀貳百陸拾玖兩伍錢伍分查此項於順治貳年准部文免編續於順治拾伍年陸月內准部覆題奉旨照舊徵解

學田

本縣學田捌項柒拾畝貳釐肆毫共徵租銀貳百貳兩捌錢伍分柒釐柒毫查此項照舊催徵聽候學院項下支取刊刷考卷及賑濟本縣貧生之用

雜辦內減徵寬民欵項

課程

本縣門攤鋪戶本色鈔玖萬貳千柒拾叁貫肆百叁拾陸文共徵稅銀壹百壹拾柒兩伍錢貳分玖釐捌毫肆絲捌忽水脚銀壹兩壹錢柒分伍釐貳毫此項銀兩於天啟元年奉文減編於民

賦役全書　江寧府句容縣

溧陽縣

一縣田地大總

原額田地山塘共壹萬陸千肆百柒拾頃肆畝玖分捌釐貳毫內

徵田玖千伍百陸拾伍頃玖拾畝叁分玖釐又天界寺改徵田貳千壹拾柒畝俱每畝起派本色漕南米肆升玖合貳勺貳抄叁圭叁粟陸顆叁黍共徵本色米肆萬柒千壹百捌拾貳石玖斗柒升貳合陸勺捌抄貳撮貳圭陸粟肆粒肆顆玖黍每畝起

派稅糧條鞭并玖釐地畝銀伍分柒毫肆絲貳忽
玖微玖纖陸沙玖塵叁渺柒漠共徵銀肆萬捌千
陸百肆拾貳兩陸錢壹分壹釐捌毫伍絲肆忽陸
微伍沙壹塵壹渺伍漠

沙荒田壹百陸拾頃壹拾陸畝每畝起派本色漕南
米肆升肆合陸勺叁抄柒撮伍圭捌粟玖粒叁顆
叁黍共徵本色米柒百壹拾肆石玖斗壹升伍合
陸勺叁抄柒圭玖粒貳顆捌黍每畝起派稅糧條
鞭并玖釐地畝銀肆分柒釐柒毫陸絲捌忽肆微

捌纖伍沙貳塵肆渺壹漠共徵銀柒百陸拾伍兩
陸分伍絲玖忽柒微壹纖玖沙柒塵伍渺伍漠
次荒田壹千伍百頃畝每畝起派本色漕南米貳升
柒合陸勺壹抄伍撮玖圭柒粟捌粒柒顆玖黍共
徵本色米肆千壹百肆拾貳石叁斗玖升陸合捌
勺壹抄捌撮伍圭每畝起派稅糧條鞭并玖釐地
畝銀叁分柒釐貳毫貳絲貳微玖纖捌沙玖塵肆
渺壹漠共徵銀伍千伍百捌兩肆分肆釐捌毫肆
絲壹忽壹微貳纖肆沙肆塵伍渺肆漠

全荒田壹百肆頃壹拾捌畝貳分伍釐每畝起派荒
白銀壹分捌釐柒毫玖絲伍忽陸微肆纖伍沙共
徵荒白銀壹百玖拾伍兩捌錢壹分柒釐柒毫貳
絲捌忽伍微貳纖壹沙貳塵伍渺
徵地壹千伍百壹拾壹頃捌拾伍畝壹分伍釐又天
界寺攺徵地柒拾畝肆分玖釐捌毫俱每畝起派
本色漕南米壹升玖合叁抄壹撮玖圭貳粟捌粒
貳顆貳黍共徵本色米貳千捌百柒拾捌石陸斗
捌升陸合陸勺叁抄伍撮陸圭伍粒伍顆柒黍每

畝起派稅糧條鞭并玖釐地畝銀壹分玖釐陸毫
貳絲陸微玖纖肆沙伍塵玖渺伍漠共徵銀貳千
玖百陸拾柒兩柒錢肆分捌毫柒絲伍忽貳微壹
纖貳沙柒塵陸渺壹漠
山塘叁千陸百柒頃柒畝陸分玖釐肆毫每畝起派
本色漕南米叁合壹勺柒抄叁撮陸圭陸粟陸粒
壹顆玖黍共徵本色米壹千壹百肆拾肆石柒斗
陸升伍合捌勺壹抄貳撮玖圭貳粟陸顆陸黍每
畝起派稅糧條鞭并玖釐地畝銀叁釐貳毫柒絲

壹忽捌微肆纖伍沙捌塵叁渺柒漠共徵銀壹千
壹百捌拾兩壹錢柒分玖釐玖毫陸絲柒忽玖沙
陸塵柒渺陸漠
以上本縣田地山塘各科則不等照起存錢糧實數
驗派共徵稅糧條鞭荒白并玖釐地畝銀伍萬玖
千貳百伍拾玖兩肆錢伍分伍釐叁毫貳絲陸忽
壹微玖纖叁沙壹渺壹漠
内除優免鄉紳舉貢生員雜職等戶銀壹百貳拾
壹兩捌錢玖分柒釐捌毫叁絲伍忽貳微柒纖柒

沙玖塵肆渺柒漠照得優免一項案准部文不免起解各部正供止免存留雜辦差徭錢糧但紳衿雜職間有陞遷事故逐年增減不一今照見在確數開載如有消長該縣預詳院司於每年派糧易知由单內再爲增減報部查考續於順治拾伍年肆月內准部議停免改解戶部

實徵稅糧條鞭并玖釐地畝銀伍萬玖千壹百叁拾柒兩伍錢伍分柒釐肆毫玖絲玖微壹纖伍沙陸渺肆漠

實徵本色漕南孤貧米豆伍萬陸千陸拾叁石柒斗叁升柒合伍勺捌抄

一縣人丁大總

原額人丁肆萬肆千叁拾柒丁捌分柒釐於順治伍年審增人丁捌千柒百玖丁肆分捌釐原額審增共人丁伍萬貳千柒百肆拾柒丁叁分伍釐每丁一例派徵銀壹錢共徵銀伍千貳百柒拾肆兩柒錢叁分伍釐內除鄉紳舉貢生員吏承等戶優免人丁玖百柒拾伍丁共免銀玖拾柒兩伍錢於順治拾伍年肆月內准部文止免鄉紳舉貢生員本身壹丁實免銀伍拾貳兩伍錢餘丁并吏承不免銀肆拾伍兩改解戶部充餉

實在當差人丁伍萬壹千柒百柒拾貳丁叁分伍釐

共徵銀伍千壹百柒拾柒兩貳錢叁分伍釐

一縣田畝人丁大總

丁田共實徵夏稅秋糧地畝條鞭折色銀陸萬肆千叁百壹拾肆兩柒錢玖分貳釐肆毫玖絲玖微壹纖伍沙陸渺肆漠

夏稅銀壹千柒拾柒兩叁錢柒分柒釐伍毫貳絲捌

忽柒微伍纖内折色銀柒百肆拾兩玖錢壹分陸

釐玖毫玖絲叁忽柒微伍纖本色銀叁百叁拾陸

兩肆錢陸分伍毫叁絲伍忽

秋糧銀陸萬叁千貳百叁拾柒兩肆錢壹分肆釐玖

毫陸絲貳忽壹微陸纖伍沙陸渺肆漠

戶部本折銀貳萬貳千貳百貳拾伍兩捌錢捌分肆

毫壹絲叁忽貳微肆纖柒沙

禮部折色銀柒百柒拾貳兩叁錢肆分捌釐

兵部折色銀陸千貳百肆拾肆兩伍錢玖分壹釐柒

絲
工部折色銀伍千伍百柒拾陸兩柒錢陸分肆釐捌
毫
鋪墊銀伍拾肆兩陸錢伍分柒釐
四部本折水脚綱司解費銀壹千壹百捌拾貳兩柒
錢肆分貳釐零伍絲壹忽陸微貳纖貳沙肆塵
壹渺
輕齎等銀伍千叁百肆拾柒兩壹錢伍分陸釐陸毫
伍絲陸忽

本色蓆木板片銀陸拾玖兩壹錢貳分壹釐貳毫

改解南省折色并本色米豆綱司水脚門籌銀陸千玖百捌拾兩玖分貳釐貳毫壹絲貳忽陸微伍纖

驛站銀伍千壹百玖拾叁兩貳錢叁分肆釐叁毫

兵餉銀貳千伍百叁拾貳兩壹錢叁分壹釐柒毫柒絲捌忽叁微捌纖肆沙肆塵玖渺貳漠

各衙門銀壹千貳百陸拾柒兩肆錢捌分叁毫貳絲伍忽陸微肆纖

經費銀貳千貳百貳拾伍兩捌錢叁分柒釐

存留支給銀貳千拾玖兩陸錢陸分肆釐伍毫壹絲肆忽陸

微陸沙叁塵

裁省解部銀貳千陸百貳拾叁兩玖分壹釐壹毫陸

絲捌忽柒微陸纖肆沙捌塵陸渺貳漠

實徵本色漕南等米壹萬陸千陸拾叁石柒斗叁

外優免丁糧貳項解部銀壹百陸拾陸兩捌錢玖分柒釐捌毫叁絲伍忽貳微柒纖柒沙玖塵肆渺柒漠

升柒合伍勺捌抄內

本色漕糧正耗米肆萬柒千柒百陸拾石伍斗玖升

本色留充本省兵馬米豆柒千玖百柒拾玖石壹斗

肆升柒合伍勺捌抄

本色存留孤貧米叁百貳拾肆石

外不在田畝人丁派徵

雜項出辦

工部班匠本縣學田租銀壹百捌拾貳兩叁錢陸分

貳釐

本縣解布政司轉解四部折色銀數

夏稅折色起運

戶部項下折色

太倉庫麥折銀壹百壹拾玖兩陸錢捌分水脚銀壹兩壹錢玖分陸釐捌毫解費銀貳兩叁錢玖分叁釐陸毫此項原額折色麥壹百壹拾玖石陸斗捌升每石折銀壹兩共銀壹百壹拾玖兩陸錢捌分水脚銀壹兩壹錢玖分陸釐捌毫解費銀貳兩叁錢玖分叁釐陸毫

銀硃銀叁百貳拾叁兩貳錢伍分鋪墊銀壹拾壹兩捌錢伍分貳釐伍毫水脚銀叁兩貳錢叁分貳釐伍毫解費銀陸兩肆錢陸分伍釐此項原解甲字庫本色銀硃壹

百捌拾觔每觔原編價銀伍錢鋪墊銀壹錢壹分
於順治拾年陸月內奉
旨除解本色外該折色銀硃壹百柒觔拾貳兩每觔折銀
叁兩共銀叁百貳拾叁兩貳錢伍分鋪墊銀壹拾
壹兩捌錢伍分貳釐伍毫水脚銀叁兩貳錢
叁分貳釐伍毫解費銀陸兩肆錢陸分伍釐

賦硃銀貳兩陸釐捌毫柒絲伍忽鋪墊銀壹兩壹錢
陸分壹釐捌毫柒絲伍忽水脚銀貳分陸絲捌忽
柒微伍纖解費銀肆分壹毫叁絲柒忽伍微此項原解

甲字庫本色賦硃玖拾觔每觔原編銀壹錢玖分
鋪墊銀壹錢壹分於順治拾年陸月內奉
旨除解本色外該折色賦硃壹拾觔玖兩每觔折銀壹錢
玖分共銀貳兩陸釐捌毫柒絲伍忽鋪墊銀壹兩
壹錢陸分壹釐捌毫柒絲伍忽水脚銀貳分陸絲
捌忽柒微伍纖解費銀肆分壹毫叁絲柒忽伍微

藤黃銀貳兩貳錢伍分鋪墊銀壹兩貳錢叁分柒釐
伍毫水脚銀貳分貳釐伍毫解費銀肆分伍釐此項
原解甲字庫本色藤黃叁拾觔每觔原編銀壹錢
鋪墊銀壹錢壹分於順治拾年陸月內奉
旨除解本色外該折色藤黃拾壹觔肆兩每觔折銀貳錢
共銀貳兩貳錢伍分鋪墊銀壹兩貳錢叁分柒釐
伍毫水脚銀貳分貳釐
伍毫解費銀肆分伍釐
黑鉛銀壹拾肆兩陸錢肆分叁釐壹毫貳絲伍忽鋪
墊銀貳兩叁錢壹釐陸絲貳忽伍微水脚銀壹錢
肆分陸釐肆毫叁絲壹忽貳微伍纖解費銀貳錢
玖分貳釐捌毫陸絲貳忽伍微此項原解甲字庫
本色黑鉛肆百叁

拾貳觔每觔原編銀叁分伍釐鋪墊銀壹分壹釐
於順治拾年陸月內奉
旨除解本色外該折色黑鉛貳百玖觔叁兩每觔折銀柒
分共銀壹拾肆兩陸錢肆分叁釐壹毫貳絲伍忽
鋪墊銀貳兩叁錢壹釐陸絲貳忽伍微水脚銀壹
錢肆分陸釐肆毫叁絲壹忽貳微伍纖解費銀貳
錢玖分貳釐捌毫
陸絲貳忽伍微

烏梅銀壹拾叁兩肆錢貳分鋪墊銀叁兩陸錢玖分
伍毫水脚銀壹錢叁分肆釐貳毫解費銀貳錢陸
分捌釐肆毫此項原解甲字庫本色烏梅肆百壹
拾觔每觔原編銀貳分鋪墊銀壹分
壹釐於順治拾年陸月內奉
旨除解本色外該折色烏梅叁百叁拾伍觔捌兩每觔折
銀肆分共銀壹拾叁兩肆錢貳分鋪墊銀叁兩陸
錢玖分伍毫水脚銀壹錢叁分肆釐貳毫解費銀

貳錢陸分
捌釐肆毫

生銅銀玖兩陸錢鋪墊銀壹兩玖錢貳分水脚銀玖分陸釐解費銀壹錢玖分貳釐此項原解丁字庫本色生銅壹百貳拾觔每觔原編銀伍分鋪墊銀壹分陸釐於順治拾年陸月內奉旨全改折該折色生銅壹百貳拾觔每觔折銀捌分共銀玖兩陸錢鋪墊銀壹兩玖錢貳分水脚銀玖分陸釐解費銀壹錢玖分貳釐

紅熟銅銀叁拾柒兩柒錢貳分肆釐叁毫柒絲伍忽

鋪墊銀肆兩陸錢肆分叁釐水脚銀叁錢柒分柒釐貳毫肆絲叁忽柒微伍纖解費銀柒錢伍分肆

釐肆毫捌絲柒忽伍微此項原解丁字庫本色紅熟銅叁百柒拾觔每觔原編銀壹錢鋪墊銀壹分陸釐於順治拾年陸月内奉
旨除解本色外該折色紅熟銅貳百玖拾觔叁兩每觔折銀壹錢叁分共銀叁拾柒兩柒錢貳分肆釐叁毫柒絲伍忽鋪墊銀肆兩陸錢肆分叁釐水腳銀叁錢柒分柒釐貳毫肆絲叁忽柒微伍纖解費銀柒錢伍分肆釐肆毫捌絲柒忽伍微

黃蠟銀叁拾陸兩伍錢貳分伍釐鋪墊銀壹兩肆錢陸分壹釐水腳銀叁錢陸分伍釐貳毫伍絲解費銀柒錢叁分伍毫此項原解丁字庫本色黃蠟壹百貳拾觔伍兩每觔原編銀貳錢鋪墊銀壹分陸釐於順治拾年陸月内奉
旨除解本色外該折色黃蠟玖拾壹觔伍兩每觔折銀肆

錢共銀叁拾陸兩伍錢貳分伍釐鋪墊銀壹兩肆
錢陸分壹釐水脚銀叁錢陸分伍釐貳毫伍絲解
費銀柒錢
叁分伍毫

牛筋銀叁兩貳錢鋪墊銀叁錢貳分水脚銀叁分貳
釐解費銀陸分肆釐　此項原解丁字庫本色牛筋
貳拾觔每觔原編銀捌分鋪
墊銀壹分陸釐於順治拾年陸月內奉
旨全改折該折色牛筋貳拾觔每觔折銀壹錢陸分共銀
叁兩貳錢鋪墊銀叁錢貳分水脚
銀叁分貳釐解費銀陸分肆釐

水牛角銀貳拾伍兩鋪墊銀壹兩柒錢伍分水脚銀
貳錢伍分解費銀伍錢　此項原解丁字庫本色水
牛角貳拾伍副每副原編
銀壹錢鋪墊銀柒分於順治拾年陸月內奉
旨全改折該折色水牛角貳拾伍副每副折銀壹兩共銀

貳拾伍兩鋪墊銀壹兩柒錢伍分
水脚銀貳錢伍分解費銀伍錢

黄牛皮銀壹兩伍錢肆分鋪墊銀伍錢陸分水脚銀
壹分伍釐肆毫解費銀叁分捌毫此項原解丁字庫本色黄牛皮
柒張每張原編銀貳錢貳分鋪墊銀捌分於順治
拾年陸月内奉
旨全改折該折色黄牛皮柒張每張折銀貳錢貳分共銀
壹兩伍錢肆分鋪墊銀伍錢陸分水脚銀壹分伍
釐肆毫解費
銀叁分捌毫

藾草銀壹兩伍錢水脚銀壹分伍釐解費銀叁分此項
原解南供用庫今改解京藾草叁百觔每觔原編
銀貳釐伍毫於順治拾年陸月内奉
旨全改折該折色藾草叁百觔每觔折銀伍釐共銀壹兩
伍錢水脚銀壹分伍釐解費銀叁分

以上戶部自太倉庫麥折起至供用庫藾草止計拾
叁欵共銀陸百叁拾捌兩玖錢肆分陸釐玖毫玖
絲叁忽柒微伍纖内正銀伍百玖拾兩叁錢叁分
玖釐叁毫柒絲伍忽鋪墊銀
叁拾兩捌錢玖分柒釐肆毫叁絲柒忽伍微水脚
銀伍兩玖錢叁釐叁毫玖絲叁忽柒微伍纖解費
銀壹拾壹兩捌錢陸釐
柒毫捌絲柒忽伍微

秋糧折色起運

戶部項下折色

光祿寺米折銀陸百壹拾柒兩捌錢玖分水脚銀陸
兩壹錢柒分捌釐玖毫解費銀壹拾貳兩叁錢伍

分柒釐捌毫此項原額折色米捌百捌拾貳石柒斗每石折銀柒錢共銀陸百壹拾柒兩捌錢玖分水脚銀陸兩壹錢柒分捌釐玖毫解費銀壹拾貳兩叁錢伍分柒釐捌毫

太倉庫米折銀叁千伍百貳拾肆兩壹錢伍分陸釐玖毫伍絲伍忽玖微貳纖柒沙水脚銀叁拾伍兩貳錢肆分壹釐伍毫陸絲玖忽伍微伍纖玖沙貳塵柒渺解費銀柒拾兩肆錢捌分叁釐壹毫叁絲玖忽壹微壹纖捌沙伍塵肆渺此項原額折色米伍千捌百柒拾叁石伍斗玖升肆合玖勺貳抄陸撮伍圭肆粟伍粒每石折銀陸錢共銀叁千伍百貳拾肆兩壹錢伍分陸釐玖毫伍絲伍忽玖微貳纖柒沙水脚銀叁拾伍兩貳錢肆分壹釐伍毫陸絲玖忽伍微伍纖

玖沙貳塵柒渺解費銀柒拾兩肆錢捌分叁釐壹毫叁絲玖忽壹微壹纖陸沙伍塵肆渺

京庫草折銀貳千貳百叁拾玖兩捌錢陸分水脚銀貳拾貳兩叁錢玖分捌釐陸毫解費銀肆拾肆兩柒錢玖分柒釐貳毫此項原額馬草柒萬肆千陸百陸拾貳包每包折銀叁分共銀貳千貳百叁拾玖兩捌錢陸分水脚銀貳拾貳兩叁錢玖分捌釐陸毫解費銀肆拾肆兩柒錢玖分柒釐貳毫

玖釐地畝銀壹萬伍千陸拾兩捌分叁釐貳毫陸絲玖忽捌微貳纖水脚銀壹百伍拾兩陸錢捌毫叁絲貳忽陸微玖纖捌沙貳塵解費銀叁百壹兩貳

錢壹釐陸毫陸絲伍忽叁微玖纖陸沙肆塵此項全書未載於萬曆末年加添今順治肆年奉

旨照舊編徵

以上戶部下折色自光祿寺米折起至玖釐地畝止

計肆款共銀貳萬貳千捌拾伍兩貳錢肆分玖釐玖毫叁絲貳忽伍微壹纖玖沙肆塵壹渺內正項銀貳萬壹千肆百肆拾壹兩玖錢玖分貳毫貳絲伍忽柒微肆纖柒沙水腳銀貳百壹拾肆兩肆錢壹分玖釐玖毫貳忽貳微伍纖柒沙肆塵柒渺解費銀肆百貳拾捌兩捌錢叁分玖釐捌毫肆忽伍微壹纖肆沙玖塵肆渺

夏稅折色起運

禮部項下折色

光祿寺麥折銀玖拾玖兩水脚銀玖錢玖分解費銀壹兩玖錢捌分此項原解户部今改解禮部原額折色麥玖拾玖石每石折銀壹兩共銀玖拾玖兩水脚銀玖錢玖分解費銀壹兩玖錢捌分

秋糧折色起運

禮部折色起運

禮部肥猪鷄鵝等銀肆百捌拾陸兩柒錢貳分水脚銀肆兩捌錢陸分柒釐貳毫解費銀玖兩柒錢叁分肆釐肆毫

禮部折色藥材并紅黃紙價銀壹拾叁兩捌錢柒分捌釐水脚銀壹錢叁分捌釐柒毫捌絲解費銀貳錢柒分柒釐伍毫陸絲

蒼朮銀壹百柒拾貳兩柒錢伍分水脚貳拾陸兩伍錢伍分叁毫捌絲柒忽伍微解費叁兩肆錢伍分伍釐此項原解禮部本色蒼朮陸千玖百壹拾觔每觔價銀柒釐共銀肆拾捌兩叁錢柒分水脚銀叁拾肆兩捌錢壹分玖釐捌毫伍絲於萬曆肆拾柒年改折壹千柒百肆拾貳觔每觔折銀貳分伍釐共銀肆拾叁兩伍錢伍分水脚銀肆錢叁分伍釐伍毫實徵本色蒼朮伍千壹百陸拾捌觔每觔價銀柒釐共銀叁拾陸兩壹錢柒分陸釐實該本色水脚銀貳拾陸兩壹錢壹分肆釐捌毫捌

絲柒忽伍微於順治捌年玖月内奉
旨全改折該折色蒼术陸千玖百壹拾觔每觔折價銀貳分伍釐共銀壹百柒拾貳兩柒錢伍分水脚銀貳拾陸兩伍錢伍分叁毫解費銀叁兩肆錢伍分伍釐

以上禮部項下折色自光祿寺麥折銀起至蒼术銀止計肆欵共銀捌百貳拾兩叁錢肆分壹釐叁毫貳絲柒忽伍微内正銀柒百柒拾貳兩叁錢肆分捌釐水脚銀叁拾貳兩伍錢肆分陸釐叁毫陸絲柒忽伍微解費銀拾伍兩肆錢肆分陸釐玖毫陸絲

兵部項下折色

兵部備用折色馬壹百伍拾壹匹每匹折銀叁拾兩共銀肆千伍百叁拾兩水脚銀肆拾伍兩叁錢解費銀玖拾兩陸錢

此項原額折色馬壹百伍拾壹匹每匹銀貳拾肆兩共銀叁千陸百貳拾肆兩水脚銀叁拾陸兩貳錢肆分於順治貳年間奉太僕寺劉　題請俵馬無論本折每匹折銀叁拾兩內除原編外加銀陸兩共銀玖百陸兩原額新增共銀肆千伍百叁拾兩水脚銀肆拾伍兩叁錢解費銀玖拾兩陸錢

兵部草料銀玖百伍拾壹兩玖錢玖分叁釐柒絲水脚銀玖兩伍錢壹分玖釐玖毫叁絲柒微解費銀壹拾玖兩叁分玖釐捌毫陸絲壹忽肆微

兵部草塲租銀柒百陸拾兩壹錢玖分捌釐水脚銀
柒兩陸錢壹釐玖毫捌絲解費銀壹拾伍兩貳錢
叁釐玖毫陸絲

太僕寺短班醫獸銀貳兩肆錢水脚銀壹分貳釐解
費銀肆分捌釐

以上兵部下折色自馬價起至短班醫獸止計肆欵
共銀陸千肆百叁拾壹兩玖錢壹分陸釐捌毫貳
忽壹微内正項銀陸千貳百肆拾肆兩伍錢玖分
壹釐柒絲水脚銀陸拾貳兩肆錢叁分
叁釐玖毫壹絲柒微解費銀壹百貳拾肆
兩捌錢玖分壹釐捌毫貳絲壹忽肆微

工部項下折色

工部四司料價銀伍千貳百壹拾玖兩貳錢陸釐水脚銀伍拾貳兩壹錢玖分貳釐陸絲解費銀壹百肆兩叁錢捌分肆釐壹毫貳絲內分解○營繕司銀壹千陸百柒拾兩壹錢肆分伍釐玖毫貳絲水脚銀壹拾陸兩柒錢壹釐肆毫伍絲玖忽貳微解費銀叁拾叁兩肆錢貳釐玖毫壹絲捌忽肆微○虞衡司銀捌百叁拾伍兩柒分貳釐玖毫陸絲水脚銀捌兩叁錢伍分柒毫貳絲玖忽陸微解費銀壹拾陸兩柒錢壹釐肆毫伍絲玖忽貳微○都水司銀壹千肆百陸拾壹兩叁錢柒分柒釐陸毫捌絲水脚銀壹拾肆兩陸錢壹分叁釐柒毫柒絲陸忽捌微解費銀貳拾玖兩貳錢貳分柒釐伍毫伍絲叁忽陸微○屯田司銀壹千貳百伍拾貳兩陸錢玖釐肆毫肆

絲水脚銀壹拾貳兩伍錢貳分陸釐玖絲肆忽肆
微解費銀貳拾伍兩伍分貳釐壹毫捌絲捌忽捌
微

工部營繕司磚料銀叁百陸兩陸分貳釐水脚銀叁
兩陸分陸毫貳絲解費銀陸兩壹錢貳分壹釐貳
毫肆絲

御用監匠役衣糧銀伍拾壹兩肆錢玖分陸釐捌毫
水脚銀伍錢壹分肆釐玖毫陸絲捌忽解費銀壹
兩貳分玖釐玖毫叁絲陸忽遇閏加銀肆兩貳錢
玖分叁釐伍毫壹絲捌忽此項原額銀肆拾叁兩肆錢肆分遇閏加銀叁

兩柒錢貳分於順治拾壹年肆月內奉　工部頒
發款目冊照數改正實徵銀伍拾壹兩肆錢玖分
壹釐捌毫解費銀壹兩貳錢玖釐捌毫叁絲陸忽
遇閏加銀肆兩貳錢玖分叁釐伍毫壹絲捌忽

以上工部下折色自四司料價起至御用監匠役衣
糧止計叁款共銀伍千柒百肆拾肆兩陸分柒釐
柒毫肆絲肆忽遇閏加銀肆兩貳錢玖分叁釐伍
毫壹絲捌忽內正項銀伍千伍百柒拾陸兩柒錢陸分肆釐捌毫水腳銀伍拾伍兩柒錢陸分柒釐陸毫肆絲捌忽解費銀壹百壹拾壹兩伍錢叁分伍釐貳毫玖絲陸忽

本縣解布政司轉解戶部本色物料數

夏稅本色起運

戸部項下本色

甲丁貳庫本色銀硃等料原編銀柒拾陸兩壹錢陸分貳釐捌毫壹絲貳忽伍微鋪墊銀貳拾叁兩柒錢伍分玖釐伍毫陸絲貳忽伍微貼備使費等銀伍拾玖兩肆錢玖釐捌毫叁項共銀壹百伍拾玖兩叄錢叄分貳釐壹毫柒絲伍忽內該辦解

甲字庫

本色銀硃柒拾貳觔肆兩每觔原編銀伍錢鋪墊銀壹錢壹分該價銀叄拾陸兩壹錢貳分伍釐鋪墊

銀柒兩玖錢肆分柒釐伍毫

本色膩硃柒拾玖觔柒兩每觔原編銀壹錢玖分鋪墊銀壹錢壹分該價銀拾伍兩玖分叁釐壹毫貳絲伍忽鋪墊銀捌兩柒錢叁分捌釐壹毫貳絲伍忽

本色藤黃拾捌觔拾貳兩每觔原編銀壹錢鋪墊銀壹錢玖分該價銀壹兩捌錢柒分伍釐鋪墊銀貳兩陸分貳釐伍毫

本色黑鉛貳百貳拾貳觔拾叁兩每觔原編銀叁分

伍釐鋪墊銀壹分壹釐該價銀柒兩柒錢玖分捌
釐肆毫叁絲柒忽伍微鋪墊銀貳兩肆錢伍分玖
毫叁絲柒忽伍微
本色烏梅柒拾肆觔捌兩每觔原編銀貳分鋪墊銀
壹分壹釐該價銀壹兩肆錢玖分鋪墊銀捌錢壹
分玖釐伍毫
丁字庫
本色紅熟銅柒拾玖觔拾叁兩每觔原編銀壹錢鋪
墊銀壹分陸釐該價銀柒兩玖錢捌分壹釐貳毫

伍絲鋪墊銀壹兩貳錢柒分柒釐

本色黃蠟貳拾玖觔每觔原編價銀貳錢鋪墊銀壹分陸釐該價銀伍兩捌錢鋪墊銀肆錢陸分肆釐

查甲丁貳庫銀硃等料原編價銀貳百壹兩叁錢伍分玖釐陸毫捌絲柒忽伍微內除撥解折色銀壹百貳拾伍兩壹錢玖分陸釐捌毫柒絲伍忽鋪墊銀叁拾兩捌錢玖分柒釐肆毫叁絲柒忽伍微實存原編銀柒拾陸兩壹錢陸分貳釐捌毫壹絲貳忽伍微鋪墊銀貳拾叁兩柒錢伍分玖釐伍毫陸絲貳忽伍微

承運庫

原解南今改解京本色壹分貳釐絹叁拾玖疋捌分

肆釐每疋原編價銀柒錢共銀貳拾柒兩捌錢捌
分捌釐綱司水脚銀壹拾壹兩玖分伍釐叁毫陸
絲

供用庫

原解南今改解京原編本色黃白蠟銀捌拾玖兩伍
錢水脚銀捌錢玖分伍釐綱司銀肆拾柒兩柒錢
伍分共銀壹百叁拾捌兩壹錢肆分伍釐內該辦
本色黃蠟叁百叁拾伍觔每觔原編價銀貳錢共銀
陸拾柒兩

本色白蠟肆拾伍觔每觔原編價銀伍錢共銀貳拾貳兩伍錢查此貳項原解南供用庫今改解北原編銀玖拾兩貳錢伍分水脚銀玖錢貳釐伍毫綱司銀肆拾柒兩柒錢伍分內除撥解折色蘋草銀柒錢伍分水脚銀柒釐伍毫實存原編銀捌拾玖兩伍錢水脚銀捌錢玖分伍釐綱司銀肆拾柒兩柒錢伍分

以上甲丁承運供用肆庫本色銀硃絲絹黃白蠟等項價值先於順治玖年拾月內准戶部咨開已經具題奉

旨各項本色責成布政司每年於壹兩月之前確查時價據實估定申報督撫咨部查考一面徑行所屬州縣照估定時價徵銀解交藩司遴委職官領銀採買物料裝運解部今新奉

俞旨本色顏料各款令各屬自行採辦徑解內部已遵行該州縣辦解至隨時增價逐一預先報明另編今將舊編銀數照舊造入其不敷銀兩遵照估定時

價徵
辦

以上戶部本色顔料等項自本色銀硃起至本色白蠟止計拾款共銀叁百叁拾陸兩肆錢陸分伍毫叁絲伍忽内

正銀壹百玖拾叁兩伍錢伍分捌毫錢伍分玖釐伍毫陸絲貳忽伍微纖司水脚貼

壹絲貳忽伍微鋪墊銀貳拾叁兩柒備使費銀壹百壹拾玖兩壹錢伍分壹毫陸絲

本縣兊運本色漕糧米數

秋糧本色起運

戶部項下本色

正兊漕米貳萬陸千肆百叁拾石每石加耗肆斗該

耗米壹萬伍百柒拾貳石外加裹河剝船米每石叁升該米柒百玖拾貳石玖斗共正耗米叁萬柒千柒百玖拾肆石玖斗

改兌漕米柒千肆百玖拾叁石每石加耗叁斗該耗米貳千貳百肆拾柒石玖斗外加裹河剝船米每石叁升該米貳百貳拾肆石柒斗玖升共正耗米玖千玖百陸拾伍石陸斗玖升

以上戶部下本色漕米壹款共正耗船脚等米肆萬柒千柒百陸拾石伍斗玖升

本縣支給運官蓆木銀數

本色叁分蘆蓆米銀伍拾兩捌錢捌分肆釐伍毫

本色叁分木板銀壹拾捌兩貳錢叁分陸釐柒毫

本縣解淮安府漕河貳庫輕齎河工銀數

二六輕齎米銀貳百伍拾肆兩柒錢玖釐伍毫水脚

銀貳兩伍錢肆分柒釐玖絲伍忽解費銀伍兩玖

分肆釐壹毫玖絲　查此項原額銀叁千玖拾陸兩陸錢柒分水脚銀叁拾兩玖錢陸分陸釐柒毫内撥出舊額河工銀貳百陸拾肆兩叁錢水脚銀貳兩陸錢肆分叁釐又撥出改派河工車盤銀貳千伍百柒拾柒兩陸錢陸分伍毫水脚銀貳拾伍兩柒錢柒分陸釐陸毫伍忽除撥

出外實
編前數

隨糧壹升蘆蓆米銀壹百壹拾捌兩柒錢叁分伍毫

解費銀貳兩叁錢柒分肆釐陸毫壹絲查此項原額銀壹百陸拾玖兩陸錢壹分伍釐內撥出本色叁分銀伍拾兩捌錢捌分肆釐伍毫給發運官辦解實編前

數

楞木松板銀肆拾貳兩伍錢伍分貳釐叁毫解費銀

捌錢伍分壹釐肆絲陸忽查此項原額銀陸拾兩柒錢捌分玖釐內撥出本色叁分銀壹拾捌兩貳錢叁分陸釐柒毫給發運官辦解實編前數

改兑項下貳升變易米銀柒拾肆兩玖錢叁分解費

銀壹兩肆錢玖分捌釐陸毫
正改兊壹分豐纜銀叁百叁拾玖兩貳錢叁分水脚
銀叁兩叁錢玖分貳釐叁毫解費銀陸兩柒錢捌
分肆釐陸毫
陸升過江米銀壹千貳百貳拾壹兩貳錢貳分捌釐
以上陸項徵解
淮安府漕庫
舊額河工銀貳百陸拾肆兩叁錢水脚銀貳兩陸錢
肆分叁釐解費銀伍兩貳錢捌分陸釐
輕齎改派河工車盤銀貳千伍百柒拾柒兩陸錢陸

分伍亳水脚銀貳拾伍兩柒錢柒分陸釐陸亳伍
忽解費銀伍拾壹兩伍錢伍分叁釐貳毫壹絲 查此
貳項原係輕
賫撥出另解
溜夫工食銀叄百叄拾玖兩貳錢叄分解費銀陸兩
柒錢捌分肆釐陸毫 以上叄項徵解淮安府河庫
以上隨漕輕賫河工等項自本色蘆蓆起至溜夫止
計拾壹款共銀伍千肆百壹拾陸兩貳錢柒分柒
釐捌毫伍絲陸忽内 正銀伍千叄百壹兩陸錢玖分貳釐水脚銀叄拾肆兩叄錢伍分玖釐解費銀捌拾兩貳錢貳分陸釐捌毫伍絲陸忽

本縣解省倉轉給省城兵馬糧料本色米豆數

原解南酒醋麵局改解江寧倉本色黑豆肆百柒拾柒石柒斗伍升每石加耗伍斗伍升船錢叁升盤用伍升共陸斗叁升該耗豆叁百石玖斗捌升貳合伍勺共正耗豆柒百柒拾捌石柒斗叁升貳合伍勺綱司水脚銀叁拾壹兩捌錢伍分　此項原額正麥叁百壹拾捌石伍斗每石加耗伍斗伍升船錢叁升盤用伍升共陸斗叁升該耗麥貳百石陸斗伍升伍合每石徵銀肆錢共銀貳百柒兩陸錢陸分貳釐收買本色上納綱司水脚銀叁拾壹兩捌錢貳分於順治柒年拾壹月初玖日准　總督戶部咨明北部每麥壹石易豆壹石伍斗改編前數共綱

司水脚銀叁拾壹兩捌錢伍分改充
本省兵餉原編價銀摘出不入編派

原解南供用庫改解江寧倉本色黑豆叁拾石黄豆伍石共豆叁拾伍石每石加耗貳斗船錢陸升盤用伍升共叁斗壹升該耗豆壹拾石捌斗伍升共正耗豆肆拾伍石捌斗伍升綱司水脚銀貳拾壹

兩其綱司水脚銀兩
改充本省兵餉

原解南神宫監改解江寧倉本色白熟糯米壹拾貳石准糙粳正米壹拾叁石貳斗芝蔴壹拾石今奉文每石改徵黑豆貳石伍斗准正豆貳拾伍石禁

豆貳拾壹石今奉文每石改徵黑豆壹石伍斗准黑豆叁拾壹石伍斗糙粳正米壹百捌拾伍石黄豆拾陸石稻穀壹百伍拾肆石准正米柒拾柒石共准正米豆叁百肆拾柒石柒斗每石加耗貳斗船錢陸升盤用伍升共叁斗壹升該耗米豆壹百柒石柒斗捌升柒合共正耗米豆肆百伍拾伍石肆斗捌升柒合綱司水脚銀壹百貳拾捌兩捌錢捌分

查此項米豆於順治柒年拾壹月初玖日准

總督戶部咨明　北部改編前數其綱司水脚銀兩改充本省兵餉

原解南長安左等四門倉改解江寧倉本色米壹千肆百玖拾柒石每石加耗貳斗船錢陸升盤用伍升共叁斗壹升該耗米肆百陸拾肆石柒升共正耗米壹千玖百陸拾壹石柒升綱司水腳銀捌拾玖兩捌錢貳分其綱司水腳銀兩改充本省兵餉

原解南各衛倉改解江寧倉本色無耗黑豆肆百貳拾捌石貳斗玖升捌合水腳耗費銀捌錢伍分陸釐伍毫玖絲陸忽其水腳耗費銀兩改充本省兵餉

原解南各衛倉改解江寧倉本色水兌平米叁千叁

百陸拾陸石玖斗陸升壹合每石加耗貳斗船錢叁升盤用伍升共貳斗捌升該耗米玖百肆拾貳石柒斗肆升玖合捌抄共正耗米肆千叁百玖石柒斗壹升捌抄此項正耗米石坐派本省各衛官丁行月貳糧

以上留充本省兵馬糧料本色米豆自酒醋麵局豆起至各衛倉水兑米止計陸欵共米豆柒千玖百柒拾玖石壹斗肆升柒合伍勺捌抄綱司水脚門籌銀貳百柒拾貳兩肆錢陸釐伍毫玖絲陸忽内正米豆陸千壹百伍拾貳石柒斗玖合耗米豆壹千捌百貳拾陸石肆斗叁升捌合伍勺捌抄

本縣存留本色米數

養濟院孤貧玖拾名口每名給本色米叁石陸斗共

米叁百貳拾肆石遇閏加米貳拾柒石

本縣解布政司留充本省兵餉等項支用銀數

稅糧起運

戶屬項下改充南餉

各衛倉麥折銀陸百柒拾貳兩玖錢貳分捌釐火耗

銀叁兩叁錢陸分肆釐陸毫肆絲解費銀壹拾叁

兩肆錢伍分捌釐伍毫陸絲此項原額折色正麥壹千陸百捌拾貳石

叁斗貳升每石折銀肆錢共銀陸百柒拾貳兩玖錢貳分捌釐火耗銀叁兩叁錢陸分肆釐陸毫肆絲解費銀壹拾叁兩肆錢伍分捌釐伍毫陸絲

庫絲絹折銀貳百肆兩伍錢壹分貳釐水脚銀貳兩肆分伍釐壹毫貳絲解費銀肆兩玖分貳毫肆絲

此項原額折色捌分捌釐絹貳百玖拾貳疋壹分陸釐每疋折銀柒錢共銀貳百肆兩伍錢壹分貳釐水脚銀貳兩肆分伍釐壹毫貳絲解費銀肆兩玖分貳毫肆絲

定場草折銀貳百陸拾貳兩柒錢陸分肆釐耗費銀壹兩叁錢壹分叁釐捌毫貳絲解費銀伍兩貳錢伍分伍釐貳毫捌絲此項原額馬草壹萬肆千伍百玖拾捌包每包折銀壹分

捌釐共銀貳百陸拾貳兩柒錢陸分肆釐水脚銀
壹兩叁錢壹分叁釐捌毫貳絲解費銀伍兩貳錢
伍分伍釐
貳毫捌絲

犧牲所豆折銀肆拾兩解費銀捌錢此項原額折色豆捌拾石每石
折銀伍錢共銀肆
拾兩解費銀捌錢

均徭起運

戶屬項下改充南餉

房屋鈔銀捌錢陸分貳釐貳毫陸絲解費銀壹分柒
釐貳毫肆絲伍忽貳微

酒醋鈔銀捌錢陸分貳釐貳毫陸絲解費銀壹分柒

釐貳毫肆絲伍忽貳微

南戶部庫子銀柒拾貳兩水脚銀叁錢陸分解費銀壹兩肆錢肆分

南戶部鹽倉庫秤銀陸拾兩水脚銀叁錢解費銀壹兩貳錢

四門倉脚夫銀伍拾柒兩陸錢水脚銀貳錢捌分捌釐解費銀壹兩壹錢伍分貳釐

門攤課鈔銀壹拾兩加綱司水脚銀壹拾貳兩解費銀貳錢

南光祿寺醫獸銀壹拾兩水脚銀壹錢解費銀貳錢

南酒醋局醫獸銀肆兩水脚銀貳分解費銀捌分

南氷窨局門子銀壹拾貳兩水脚銀陸分解費銀貳

錢肆分

南鰣魚厰船綱什物門子工食銀伍拾肆兩水脚銀

叁分解費銀壹兩捌分

禮屬項下改充南餉

南禮部折色藥材銀壹兩陸分貳釐解費銀貳分壹

釐貳毫肆絲

南太醫院庫秤銀柒兩水脚銀叁分伍釐解費銀壹
錢肆分
南神樂觀膳夫銀肆拾貳兩水脚銀貳錢壹分解費
銀捌錢肆分
兵屬項下改充南餉
南兵部柴薪皂隸銀陸拾兩水脚銀壹兩貳錢解費
銀壹兩貳錢
南兵部皂隸銀陸拾兩水脚銀陸錢解費銀壹兩貳
錢

南會同館估計廳庫子銀壹拾玖兩貳錢水脚銀叄
錢捌分肆釐解費銀叄錢捌分肆釐

大勝關弓兵銀貳百貳拾壹兩水脚銀貳兩貳錢壹
分解費銀肆兩肆錢貳分

南武學門子齋夫銀貳拾肆兩水脚銀肆錢捌分解
費銀肆錢捌分

犒勞牛羊菓酒銀貳拾玖兩捌錢肆分解費銀伍錢
玖分陸釐捌毫

南伍城弓兵銀陸百伍拾肆兩伍錢水脚銀玖兩捌

錢壹分柒釐伍毫解費銀壹拾叁兩玖分此項係海防銀
內撥出
解南餉
寧太道公費修理等銀壹拾玖兩叁錢陸分叁釐捌
毫解費銀叁錢捌分柒釐貳毫柒絲陸忽
總督糧儲部院皂隷銀貳拾捌兩捌錢水脚銀貳錢
捌分捌釐解費銀伍錢柒分陸忽
南兵部柴直銀貳千捌百叁拾叁兩柒錢水脚銀肆
拾貳兩伍錢伍釐伍毫解費銀伍拾陸兩陸錢柒
分肆釐此項係海防銀
數內撥解南餉

寧太道把門官吏銀肆兩解費銀捌分

寧太道皂隸銀壹拾捌兩解費銀叁錢陸分

寧太道水手銀肆兩貳錢叁分伍釐解費銀捌分肆

釐柒毫

南通政司鋪兵銀陸拾貳兩肆錢水脚銀叁錢壹分

貳釐解費銀壹兩貳錢肆分捌釐

南各道門子銀柒兩貳錢水脚銀貳分捌釐捌毫解

費銀壹錢肆分肆釐

上司操練民兵花紅銀壹拾兩解費銀貳錢

刑屬項下改充南餉

南刑部禁子銀捌拾壹兩水脚銀捌錢壹分解費銀壹兩陸錢貳分

南刑部庫子銀壹百壹拾壹兩陸錢水脚銀壹兩壹錢壹分陸釐解費銀貳兩貳錢叁分貳釐

南刑部斗級銀叁拾貳兩水脚銀壹錢陸分解費銀陸錢肆分

南刑部土工銀叁拾陸兩水脚銀壹錢捌分解費銀柒錢貳分

南刑部仵作銀壹拾肆兩水脚銀柒分解費銀貳錢
捌分
浣衣局土工銀貳拾肆兩水脚銀壹錢貳分解費銀
肆錢捌分
南都察院庫子斗級土工仵作銀壹百玖拾捌兩肆
錢水脚銀壹兩肆錢柒分捌釐解費銀叁兩玖錢
陸分捌釐
南安樂堂土工銀貳拾肆兩水脚銀壹錢貳分解費
銀肆錢捌分

南大理寺斗級銀貳拾肆兩水脚銀壹錢貳分解費
銀肆錢捌分
工屬項下改充南餉
惜薪司柴夫土工銀貳百玖兩玖錢貳分解費銀肆
兩壹錢玖分捌釐肆毫
南國子監門子銀柒兩貳錢水脚銀叁錢陸分解費
銀壹錢肆分肆釐
南翰林院打掃夫銀柒兩貳錢水脚銀叁分陸釐解
費銀壹錢肆分肆釐

聚寶門淮清橋二飯堂土工銀肆拾捌兩水脚銀貳錢肆分解費銀玖錢陸分

文思院軍器局土工銀肆拾玖兩解費銀玖錢捌分

黑窑廠土工銀拾貳兩水脚銀陸分解費銀貳錢肆分

各監局柴夫銀肆拾捌兩捌錢壹分肆釐陸毫叁絲柒忽伍微解費銀玖錢柒分陸釐貳毫玖絲貳忽柒微伍纖

以上留充本省兵餉下自各衛倉麥折起至各監局

柒夫止計肆拾玖款共銀陸千柒百柒兩陸錢捌分伍釐陸毫壹絲陸忽陸微伍纖内正項銀陸千肆百玖拾肆兩玖錢陸分叁釐玖毫伍絲柒忽伍微水脚銀綱司銀捌拾貳兩捌錢貳分貳釐叁毫捌絲解費銀壹百貳拾玖兩捌錢玖分玖釐貳毫柒絲玖忽壹微伍纖

本縣解給驛站協濟銀數

驛站

龍江遞運所座船水夫拾貳名并修船銀壹百壹拾兩肆錢遇閏加銀柒兩貳錢

紅船水夫壹拾陸名共銀壹百壹拾伍兩貳錢遇閏

加銀玖兩陸錢

椄遞水夫柒拾捌名共銀伍百陸拾壹兩陸錢遇閏

加銀肆拾陸兩捌錢

龍江水馬驛站船水夫伍拾陸名共銀肆百叁兩貳

錢遇閏加銀叁拾叁兩陸錢

龍江水馬驛支應銀捌拾伍兩遇閏加銀柒兩捌分

叁釐叁毫叁絲

江淮驛驢價銀貳百伍拾貳兩遇閏加銀貳拾壹兩

江淮驛支應銀壹百貳拾玖兩貳錢陸分遇閏加銀

壹拾兩柒錢柒分壹釐陸毫柒絲

東葛驛馬驢共銀叁百壹拾伍兩遇閏加銀貳拾陸兩貳錢伍分

東葛驛支應銀玖拾叁兩陸錢伍分遇閏加銀柒兩捌錢肆釐壹毫柒絲

東葛驛馬價銀玖拾陸兩玖錢捌分柒釐遇閏加銀捌兩捌分貳釐貳毫伍絲

大勝驛站船水夫叁拾捌名共銀貳百柒拾叁兩陸錢遇閏加銀貳拾貳兩捌錢

大勝驛支應銀肆拾兩遇閏加銀叁兩叁錢叁分叁釐叁毫肆絲

棠邑驛馬驢銀貳百陸拾陸兩壹錢陸分遇閏加銀貳拾貳兩壹錢捌分

棠邑驛公費內改編協濟該驛馬價銀陸拾叁兩捌錢遇閏加銀伍兩叁錢壹分陸釐陸毫陸絲

金陵驛驢價并光祿寺蜜糖改抵共銀陸拾柒兩玖錢伍分遇閏加銀伍兩陸錢陸分貳釐伍毫

江東驛馬價支應等銀柒百柒拾肆兩捌錢捌分遇

閏加銀陸拾肆兩伍錢柒分叁釐叁毫肆絲

江寧驛馬價操馬等銀陸百伍拾捌兩陸錢陸分肆

釐遇閏加銀伍拾肆兩捌錢捌分捌釐陸毫陸絲

雲亭驛撥補缺額馬價銀捌百壹拾肆兩玖錢陸分

叁釐叁毫又奉　江南總督部院馬　題部覆准

撥給抵兑浙省馬價銀柒拾兩玖錢貳分貳項共

銀捌百捌拾伍兩捌錢捌分叁釐叁毫

外該遇閏共加銀柒拾叁兩捌錢貳分叁釐陸毫

壹絲

以上驛站自龍江遞運所起至雲亭驛鈌額馬價止計
拾捌欵共銀伍千壹百玖拾叁兩貳錢叁分肆釐
叁毫外該遇閏加銀肆百叁拾兩柒錢陸分玖
釐伍毫叁絲

本縣解漕操貳院兵餉銀數

均徭

漕標兵餉項下

海防兵餉銀叁百捌拾兩捌錢陸分壹釐陸毫壹絲
貳忽壹微柒纖叁沙柒塵水脚銀壹兩玖錢肆釐

叁毫捌忽陸纖捌塵陸渺捌漠解費銀柒兩陸錢
壹分柒釐貳毫叁絲貳忽貳微肆纖叁沙肆塵柒
渺肆漠查此項原解常州府聽候　江寧撫院動支給散兵餉今改解淮安府聽候　漕撫
動支江北營兵餉原編銀叁千捌百陸拾玖兩陸
分壹釐陸毫壹絲貳忽壹微柒纖叁沙柒塵內除
銀叁千肆百捌拾捌兩貳錢抵解蘇州府原編解
南兵部柒直銀貳千捌百叁拾叁兩柒錢又伍城
弓兵工食銀陸百伍拾肆兩伍錢以
上貳項已入前南餉款內實編前數
池陽兵餉銀壹百陸拾捌兩玖錢貳分伍釐肆毫捌
絲捌忽陸微捌纖玖沙貳塵貳渺水腳銀捌錢肆
分肆釐陸毫貳絲柒忽肆微肆纖叁沙肆塵肆渺

陸漠解費銀叁兩叁錢柒分捌釐伍毫玖忽柒微柒纖叁沙柒塵捌渺肆漠查此項原解池州府聽候　操院動支給池陽鎮兵餉今池陽鎮歸池陽營其銀改解漕撫聽給江北兵餉改解淮安府

操院兵餉項下

操院兵餉銀玖百伍拾貳兩加編銀壹百肆拾兩解費銀貳拾壹兩捌錢肆分遇閏加銀陸拾肆兩

江防銀捌百叁拾捌兩解費銀壹拾陸兩柒錢陸分

以上兵餉自海防兵餉起至江防兵餉止計肆款共銀貳千伍百叁拾貳兩壹錢叁分壹釐柒毫柒絲

捌忽叁微捌纖肆沙肆塵玖渺貳漠遇閏加銀陸

拾肆兩内　正銀貳千肆百柒拾玖兩柒錢捌分柒釐壹毫捌微陸纖貳沙玖塵貳渺水脚

銀貳兩柒錢肆分捌釐玖毫叁絲伍忽伍微肆沙

叁塵壹渺肆漠解費銀肆拾玖兩伍錢玖分伍釐

柒毫肆絲貳忽壹纖柒沙貳塵

伍渺捌漠遇閏加銀陸拾肆兩

本縣解各衙門銀數

均徭

撫院項下供應改編冊房寫本吏銀壹拾伍兩貳錢

陸分水脚銀陸分壹釐肆絲解費銀叁錢伍釐貳

毫　此項銀兩准　部駁全書發開　撫院已有額派書吏稟給銀兩何得又設此欵寫本吏銀應

裁解部
充餉

撫院項下牙兵改編冊房寫本吏銀壹兩柒錢陸分
解費銀叁分伍釐貳毫此項銀兩准　部駁全書
簽開　撫院已有額派書
吏廩給銀兩何得又設此欵寫
本吏銀兩應裁改解戶部充餉

撫院項下供應銀陸拾伍兩陸錢貳分此項銀兩已
抵經費外餘
剩原裁
解部

按院廩給監生廩糧副本等銀叁拾伍兩貳錢加編
心紅銀捌兩水脚銀壹錢肆分捌毫解費銀捌錢
陸分肆釐查此項先於順治拾壹年准部駁全書
簽開文職經費錄內並無監生廩糧副

本等銀應裁
解戶部充餉

學院供應銀壹拾伍兩肆錢伍分陸釐伍毫伍絲貳
忽加編銀壹拾貳兩叁錢捌分水脚銀陸分壹釐
捌毫伍絲解費銀伍錢伍分陸釐柒毫叁絲壹忽
肆纖遇閏加銀貳兩叁錢壹分玖釐柒毫壹絲
漕院項下邳州供應銀捌兩捌錢叁分貳釐肆毫水
脚銀玖錢伍分陸釐捌毫
蘇松學院供應銀肆兩壹錢陸分陸釐陸毫
協濟淮安府倉折色正米壹千叁百肆石每石折銀

伍錢共銀陸百伍拾貳兩水脚銀陸兩伍錢貳分

解費銀壹拾叁兩肆分

江南供應機房柴夫脚價銀伍拾陸兩柒錢玖釐叁

毫叁絲解費銀壹兩壹錢叁分肆釐壹毫捌絲陸

忽陸微

江南供應機房修理機張渠泛線價銀叁百兩解費

銀陸兩

江南供應機房下程人役工食銀壹百伍拾貳兩壹

錢解費銀叁兩肆分貳釐

江南布政司曆日銀叁拾兩捌分捌釐捌毫水脚銀
陸錢壹釐柒毫柒絲陸忽
江南布政司朝
覲路費紙張叁年共銀拾兩每年徵銀叁兩叁錢叁分叁
釐叁毫
江南按察司朝
覲路費紙張叁年共銀壹兩伍錢每年徵銀伍錢
以上解各衙門自撫院冊房寫本吏起至江南按察
司朝　覲止計拾肆款共銀壹千叁百玖拾肆兩

柒錢貳分陸釐伍毫陸絲伍忽陸微肆纖內准部

駁全書簽開應裁撫院項下冊房寫本吏貳款并

按院項下監生廪糧副本等項共銀陸拾壹兩陸

錢貳分陸釐貳毫肆絲附後裁省數內改解戶部

戶部

又於順治肆年肆月貳拾肆日准

部須經費錄額編撫院項下照款徵解外餘存剩

供應等項共銀陸拾伍兩陸錢貳分附後裁省數

內改解

戶部

實解各衙門銀壹千貳百陸拾柒兩肆錢捌分叁毫

貳絲伍忽陸微肆纖

本縣解給府屬各員俸薪衙役工食銀數

本府知府員下分派本縣

修宅家伙銀壹拾叁兩陸錢貳分肆釐於順治拾貳年肆月內奉

部文全裁

改解戶部

獄卒貳名每名銀陸兩共銀拾貳兩遇閏加銀壹兩

經制原每名銀柒兩貳錢今每名裁銀壹兩貳錢

共裁銀貳兩肆錢改解戶部

庫子貳名每名銀陸兩共銀拾貳兩遇閏加銀壹兩

經制原每名銀柒兩貳錢今每名裁銀壹兩貳錢共銀貳兩肆錢改解

戶

部

本府同知員下分派本縣

修理家伙銀壹拾兩伍錢玖分貳釐陸毫伍絲於順治柒年柒月初貳日裁汰銀拾兩又於順治拾貳年肆月裁銀伍錢玖分貳釐陸毫伍絲改解

戶

部

書辦拾捌名每名銀陸兩共銀壹百捌兩遇閏加銀玖兩經制原編叁拾陸名共銀叁百捌拾捌兩捌錢內於順治柒年柒月初貳日裁汰同知銀

壹百玖拾肆兩肆錢又奉
部文會議餘拾捌名每名原銀拾兩捌錢今每名
裁銀肆兩捌錢共銀捌拾陸兩肆錢
改解戶部

門子陸名每名銀陸兩共銀叁拾陸兩遇閏加銀叁
兩　經制原編拾叁名共銀玖拾叁兩陸錢內於順
治柒年柒月初貳日奉文裁汰同知銀伍拾兩
肆錢又於順治玖年肆月內准　部文會議餘陸
名原每名銀柒兩貳錢今每名裁銀壹兩貳錢共
銀柒兩貳錢改解
戶部

步快貳拾貳名每名銀陸兩共銀壹百叁拾貳兩遇
閏加銀壹拾壹兩　經制原每名銀柒兩貳錢今每
名裁銀壹兩貳錢共銀貳拾陸
兩肆錢改解
戶部

皂隸捌名每名銀陸兩共銀肆拾捌兩遇閏加銀肆兩經制原每名銀柒兩貳錢今每名裁銀壹兩貳錢共銀玖兩陸錢改解戶部

轎傘扇夫柒名每名銀陸兩共銀肆拾貳兩遇閏加銀叁兩伍錢經制原每名銀柒兩貳錢今每名裁銀壹兩貳銀共裁銀捌兩肆錢改解戶部

本府通判員下分派本縣

俸銀柒拾叁兩柒分壹釐玖毫陸絲遇閏加銀陸兩捌分玖釐叁毫叁絲經制原編俸銀壹百伍兩玖錢玖分壹釐玖毫陸絲內於順治柒年柒月初貳日奉文裁汰銀柒拾兩玖錢貳分撥給雲亭驛抵兑浙省馬價又於順治拾叁

年玖月貳拾陸日部覆　題定議將
薪銀叁拾捌兩添入俸內以足前數

薪銀壹百陸拾捌兩於順治柒年柒月初貳日裁汰銀壹
百陸拾捌兩攺解戶部又
部咨將餘銀叁拾捌兩
今奉文添入俸銀支給

皂隸貳拾肆名每名銀陸兩共銀壹百肆拾肆兩遇
閏加銀拾貳兩　經制原編皂隸陸拾伍名共銀肆
百陸拾捌兩內於順治柒年柒月
初貳日裁汰皂隸肆拾壹名共銀貳百玖拾伍兩
貳錢又於順治玖年肆月內准　部文會議餘貳
拾肆名每名裁銀壹兩貳錢共銀貳拾捌
兩捌錢攺解戶部

步快拾陸名每名銀陸兩共銀玖拾陸兩遇閏加銀
捌兩　經制原編貳拾捌名每名銀柒兩貳錢共銀
貳百壹兩陸錢於順治柒年柒月初貳日裁

汰拾貳名共銀捌拾陸兩肆錢又

內部文會議餘拾陸名每名裁銀壹兩貳錢共銀

拾玖兩貳錢改解

戶部

燈夫貳名每名銀陸兩共銀拾貳兩遇閏加銀壹兩

經制原編拾名每名銀柒兩貳錢共銀柒拾貳兩

內於順治柒年柒月初貳日裁捌名共銀伍拾柒

兩陸錢又於順治玖年准　部文會議餘貳名每

名裁銀壹兩貳錢共銀貳兩肆錢改解

戶部

轎傘扇夫貳拾捌名每名銀柒兩貳錢共銀貳百壹

兩陸錢於順治柒年柒月初貳日全裁改解戶部

本府推官員下分派本縣

俸銀肆拾伍兩遇閏加銀叁兩柒錢伍分經制原編俸銀貳拾柒兩肆錢玖分於順治拾叁年玖月貳拾陸日部覆題定將薪銀拾柒兩伍錢壹分以足前數

薪銀拾捌兩肆錢玖分今奉文撥銀拾柒兩伍錢壹分添入俸內餘銀拾捌兩肆錢玖分解部

本府經歷員下分派本縣

俸銀壹拾陸兩貳錢伍釐肆絲遇閏加銀壹兩叁錢伍分肆毫壹絲經制原編俸銀肆錢柒釐肆絲於順治拾叁年玖月貳拾陸日部覆題定將薪銀壹拾伍兩柒錢玖分捌釐添入俸銀支給以足前數

薪銀捌兩貳錢貳釐准部文撥銀拾伍兩柒錢玖分捌釐添入俸內餘銀捌兩貳錢貳釐改解戶部

本府知事員下分派本縣

俸銀壹拾貳兩遇閏加銀壹兩經制原編薪銀今奉文改編俸銀

本府照磨員下分派本縣

俸銀壹拾貳兩遇閏加銀壹兩經制原編薪銀今奉文改編俸銀

馬夫壹名銀陸兩遇閏加銀伍錢經制原編銀柒兩貳錢今裁銀壹兩貳錢改解戶部

本府檢校員下分派本縣

俸銀壹拾貳兩遇閏加銀壹兩經制原編薪銀今奉文改編俸銀

本府司獄員下分派本縣

俸銀壹拾貳兩遇閏加銀壹兩經制原編薪銀今奉文攺編俸銀

本府廣積庫朝陽司副使貳員下分派本縣

俸銀貳拾肆兩遇閏加銀貳兩經制原編薪銀今奉文攺編俸銀

本府都稅司聚寶龍江江東叁宣課司常平倉茶引所

龍江鈔關遞運所大使捌員下分派本縣

俸銀肆拾貳兩遇閏加銀叁兩伍錢經制原編薪銀奉文攺編俸銀

本府儒學教授壹員訓導貳員共叁員下分派本縣

齋夫貳名每名銀壹拾貳兩共銀貳拾肆兩遇閏加

銀貳兩

門子貳名每名銀柒兩貳錢共銀壹拾肆兩肆錢遇

閏加銀壹兩貳錢

本府儒學廩生膳夫壹名銀貳拾兩遇閏加銀壹兩陸

錢陸分陸釐陸毫陸絲此項原係後款舊編本府儒學廩生膳夫銀內撥出

支給

本縣知縣員下照經費新編

俸銀肆拾伍兩遇閏加銀叁兩柒錢伍分經制原編俸銀貳拾柒兩肆錢玖分於順治拾叁年玖月貳拾陸日部覆題定將薪銀拾柒兩伍錢壹分以足前數

薪銀拾捌兩肆錢玖分今奉文撥銀拾柒兩伍錢壹分添入俸內餘拾捌兩肆錢玖分改解戶部

心紅紙劄銀貳拾兩遇閏加銀壹兩陸錢陸分陸釐

陸毫柒絲經制原編心紅紙張油燭銀叁拾兩於順治拾叁年玖月貳拾陸日部覆　題

定將油燭銀拾兩

攺解戶部充餉

修宅家伙銀貳拾兩於順治玖年肆月會議全裁攺解戶部

迎送上司傘扇銀拾兩於順治拾貳年肆月內會議裁銀捌兩又於順治拾叁年

玖月貳拾陸日部覆　題定

議將銀貳兩一并解部充餉

吏書拾貳名每名銀陸兩共銀柒拾貳兩遇閏加銀

陸兩經制原每名銀拾兩捌錢今每名裁銀肆兩捌錢共裁銀伍拾柒兩陸錢攺解

戶

部

門子貳名每名銀陸兩共銀拾貳兩遇閏加銀壹兩

經制原每名銀柒兩貳錢今每名裁銀壹兩貳錢共銀貳兩肆錢改解戶部

皂隸拾陸名每名銀陸兩共銀玖拾陸兩遇閏加銀捌兩

經制原每名銀柒兩貳錢今每名裁銀壹兩貳錢共裁銀壹拾玖兩貳錢改解

戶部

馬快捌名每名連草料銀拾陸兩捌錢共銀壹百叁拾肆兩肆錢遇閏加銀拾壹兩貳錢

經制原每名工食并草料銀拾捌兩奉准　總督部院馬　咨准戶部咨開除每名歲支草料銀拾兩捌錢工食銀柒兩貳錢今每名止裁工食銀壹兩貳錢共裁銀玖兩陸錢改解戶部

民壯伍拾名每名銀陸兩共銀叁百兩遇閏加銀貳拾伍兩

經制原每名銀柒兩貳錢今每名裁銀壹兩貳錢共銀陸拾兩改解

戶部

燈籠夫肆名每名銀陸兩共銀貳拾肆兩遇閏加銀貳兩

經制原每名銀柒兩貳錢今每名裁銀壹兩貳錢共銀肆兩捌錢改解

戶部

看監獄卒捌名每名銀陸兩共銀肆拾捌兩遇閏加銀肆兩

經制原每名銀柒兩貳錢今每名裁銀壹兩貳錢共銀玖兩陸錢改解

戶部

修理倉監銀貳拾兩

轎傘扇夫柒名每名銀陸兩共銀肆拾貳兩遇閏加銀叁兩伍錢經制原每名銀柒兩貳錢今每名裁銀壹兩貳錢共銀捌兩肆錢改解

戶部

庫書壹名銀陸兩遇閏加銀伍錢經制原編銀拾貳兩今裁銀陸兩改

解戶部

倉書壹名銀陸兩遇閏加銀伍錢經制原編銀拾貳兩今裁銀陸兩改

解戶部

庫子肆名每名銀陸兩共銀貳拾肆兩遇閏加銀貳

兩經制原每名銀柒兩貳錢今每名裁銀壹兩貳錢共銀肆兩捌錢改解

戶部

斗級肆名每名銀陸兩共銀貳拾肆兩遇閏加銀貳兩經制原每名銀柒兩貳錢今每名裁銀壹兩貳錢共銀肆兩捌錢改解

戶部

本縣縣丞員下照經費新編

俸銀肆拾兩遇閏加銀叁兩叁錢叁分叁釐叁毫肆絲經制原編俸銀貳拾肆兩貳錢貳釐於順治拾叁年玖月貳拾陸日部覆題定將薪銀壹拾伍兩柒錢玖分捌釐添入俸銀支給以足前數

薪銀捌兩貳錢貳釐今奉文撥銀拾伍兩柒錢玖分捌釐添入俸銀餘銀捌兩貳錢貳釐改解

戶部

書辦壹名銀陸兩遇閏加銀伍錢經制原編銀柒兩貳錢今裁銀壹兩

貳錢改解

戶部

門子壹名銀陸兩遇閏加銀伍錢經制原編銀柒兩貳錢今裁銀壹兩

貳錢改解

戶部

皂隸肆名每名銀陸兩共銀貳拾肆兩遇閏加銀貳

兩經制原每名銀柒兩貳錢今每名裁銀壹兩貳錢共銀肆兩捌錢改解

戶部

馬夫壹名銀陸兩遇閏加銀伍錢經制原編銀柒兩貳錢今裁銀壹兩貳錢改解
戸部
本縣典史員下照經費新編
俸銀叁拾壹兩伍錢貳分遇閏加銀貳兩陸錢貳分陸釐陸毫陸絲經制原編俸銀拾玖兩伍錢貳分於順治拾叁年玖月貳拾陸日部
覆
題定將薪銀拾貳兩添入俸銀內支給以足前數
書辦壹名銀陸兩遇閏加銀伍錢經制原編銀柒兩貳錢今裁銀壹兩貳錢改解
戸部

門子壹名銀陸兩遇閏加銀伍錢經制原編銀柒兩貳錢今裁銀壹兩貳錢改解
戶部
皂隷肆名每名銀陸兩共銀貳拾肆兩遇閏加銀貳兩經制原每名銀柒兩貳錢今每名裁銀壹兩貳錢共銀肆兩捌錢改解
戶部
馬夫壹名銀陸兩遇閏加銀伍錢經制原編銀柒兩貳錢今裁銀壹兩貳錢改解
戶部
本縣儒學教諭壹員訓導壹員照經費新編
俸銀各叁拾壹兩伍錢貳分共銀陸拾叁兩肆分遇

閏加銀伍兩貳錢伍分叁釐叁毫叁絲經制原編每員俸銀壹拾玖兩伍錢貳分共銀叁拾玖兩肆分於順治拾叁年玖月貳拾陸日部覆　題定每員薪銀拾貳兩添入俸銀

支給

以足

前數

齋夫陸名每名銀拾貳兩共銀柒拾貳兩遇閏加銀陸兩

門子伍名每名銀柒兩貳錢共銀叁拾陸兩遇閏加銀叁兩

學書壹名銀柒兩貳錢遇閏加銀陸錢

教官貳員喂馬草料銀各拾貳兩共銀貳拾肆兩遇閏加銀貳兩

本縣廪生膳夫貳名每名銀貳拾兩共銀肆拾兩遇閏加銀叁兩叁錢叁分叁釐叁毫叁絲　查此項案准戶部咨開膳夫每學貳名共銀肆拾兩經費錄開載甚明此指縣學廪生貳拾名為言也如州廪叁拾名應支銀陸拾兩府廪肆拾名應支銀捌拾兩自當按數遞增載入全書至於教官從無支膳銀之例難以准從等因在案查縣廪貳拾名每名銀貳兩共銀肆拾兩相應註明照數支給

以上自本府知府修宅家伙起至本縣儒學廪生膳夫銀止計陸拾肆款共銀叁千捌百柒拾貳兩叁

錢伍分柒釐陸毫伍絲內於順治柒年柒月初貳

日准

部咨議裁汰本府同知通判俸薪人役工食等項

銀壹千壹百叁拾肆兩伍錢貳分又於順治玖年

肆月內准

部咨會議裁扣府縣人役工食并本縣修宅家伙

等項銀肆百貳拾肆兩肆錢又於順治拾貳年肆

月內准

部咨會議裁知府同知修宅家伙并本縣迎送上

司臬園傘扇等項銀貳拾貳兩貳錢壹分陸釐陸
毫伍絲又於順治拾叁年玖月內准
部咨
題定照滿官對品支俸應裁本府推官經歷并本縣知
縣縣丞薪銀油燭迎送上司傘扇等項銀陸拾伍
兩叁錢捌分肆釐以上肆款共裁銀壹千陸百肆
拾陸兩伍錢貳分陸毫伍絲內又於順治拾年閏
陸月內准
江南總督部院馬　爲調劑驛困永除民艱事具

題部覆准撥給雲宁驛抵兑浙省協濟馬價銀柒拾兩
玖錢貳分已入前項驛站款内支給
實裁銀壹千伍百柒拾伍兩陸錢零陸毫五絲附
後裁省數内改解
戸部
實存支給銀貳千貳百貳拾伍兩捌錢叁分柒釐
外遇閏加銀壹百捌拾叁兩捌錢壹分玖釐柒毫
叁絲

本縣存留照舊支解銀數

文廟啓聖鄉賢名宦山川邑厲等壇祭祀銀壹百壹拾叁兩肆錢查此項原編銀壹百壹拾叁兩肆錢於順治肆年該前撫院訂正經制議裁壹半銀伍拾陸兩柒錢免派於民今奉部撥全書簽開文廟等祭祀銀兩此係向未額編爲數無幾何得免編應照舊編用等因在案遵將原銀壹百壹拾叁兩肆錢分給內

文廟啓聖鄉賢名宦祠春秋二祭銀伍拾玖兩伍錢陸分

山川社稷二壇春秋二祭銀叁拾兩伍錢玖分

邑厲壇三祭銀貳拾叁兩貳錢伍分

走遞夫皂肆拾伍名每名銀柒兩貳錢共銀叁百貳拾肆兩遇閏加銀壹拾捌兩此項於順治拾叁年玖月內准部咨議裁夫皂叁分之壹應裁銀壹百捌兩改解戶部

走遞馬貳拾匹每匹銀拾捌兩共銀叄百陸拾兩遇閏加銀貳拾兩於順治拾叄年玖月內奉部文議裁馬銀叄分之壹應裁銀壹百貳拾兩改解戶部

桃符門神春牛芒神銀叄兩今奉文裁銀壹兩伍錢改解戶部

新進士牌坊銀叄拾柒兩壹錢貳分壹釐陸絲

中式舉人牌坊銀伍拾陸兩陸錢柒分柒釐玖毫陸絲陸忽壹微陸沙叄塵

本縣儒學廩生貳拾名每名廩銀拾貳兩共銀貳百肆拾兩香燭銀肆兩捌錢遇閏加銀陸兩陸錢陸

分陸釐陸毫陸絲今准部文議裁叁分之貳應裁銀壹百陸拾兩改解戶部充餉

本府儒學廩生膳夫銀貳拾捌兩查此項膳夫工食原編銀肆拾捌兩

案准戶部駁簽開查經費錄內

欽定每學膳夫貳名每名工食銀貳拾兩共銀肆拾兩此係廩生支領應於款下註明此項多開銀兩內撥銀貳拾兩增入前項儒學款內支給餘銀貳拾捌兩改解戶部充餉

本縣儒學廩生膳夫貳名每名銀貳拾肆兩共銀肆拾捌兩查此項先准部文議裁叁分之貳應裁銀叁拾貳兩改解戶部案准戶部駁簽開查經費錄內

欽定每學膳夫貳名每名工食銀貳拾兩共銀肆拾兩此係廩生支領應於款下註明此項多開銀兩改裁解部等因查縣廩膳夫銀兩已與前項儒學款內

支給餘銀拾陸兩撥補雲亭驛馬價
抵兊安慶府仍歸漕項米折銀兩

歲貢考試卷銀壹拾陸兩陸錢陸分陸釐陸毫陸絲
准部文裁銀捌兩叁錢叁分
叁釐叁毫叁絲改解戶部

應試生員卷資盤費銀拾玖兩今奉文裁銀玖兩
伍錢改解戶部

舊舉人會試盤纏銀柒拾兩捌錢肆分柒釐肆毫伍
絲陸忽

科舉彌封謄錄書手對讀生員銀貳拾陸兩陸錢陸
分陸釐陸毫今奉文裁銀壹拾叁兩叁錢
叁分叁釐叁毫改解戶部

本府朝

覲盤費紙張銀拾伍兩今奉文裁銀壹拾兩改解戶部

本府朝

覲盤費紙張銀叁拾柒兩今奉文裁銀貳拾肆兩陸錢陸分陸釐陸毫改解戶部

科場考官鹿鳴等宴修理等銀捌拾伍兩捌錢陸分

柒釐陸毫

本府舖兵肆名每名銀柒兩貳錢共銀貳拾捌兩捌

錢遇閏加銀貳兩肆錢

貢院門子貳名每名銀肆兩共銀捌兩遇閏加銀陸

錢陸分陸釐陸毫陸絲

上輿埠公館門子壹名銀貳兩遇閏加銀壹錢陸分
陸釐陸毫陸絲

本縣鋪司兵叁拾陸名每名銀柒兩貳錢共銀貳百
伍拾玖兩貳錢遇閏加銀貳拾壹兩陸錢

秣陵鎮巡檢司弓兵肆名每名銀柒兩貳錢共銀貳
拾捌兩捌錢遇閏加銀壹兩貳錢此項原額弓兵陸名每名銀陸兩共銀叁拾陸兩於順治玖年訂正全書酌留肆名每名銀柒兩貳錢共銀貳拾捌兩捌錢餘銀柒兩貳錢奉文撥補雲亭驛馬價銀兩今又奉文裁銀壹拾肆兩肆錢解部

文廟朔望行香講書紙筆墨銀柒兩貳錢改解

戶部

鄉飲酒席銀貳拾兩此項先裁銀肆兩奉文撥補雲亭驛馬價今又奉文裁銀捌兩改解戶部

歲貢生員路費銀叁拾兩此項每貢壹名給銀肆拾兩縣學貳年壹貢應編銀貳拾兩餘銀壹拾兩奉文撥補雲亭驛馬價

季考試卷銀貳拾兩今奉文裁銀壹拾兩改解戶部

本縣察院并府館門子肆名每名銀叁兩共銀拾貳兩遇閏加銀貳錢伍分此項先裁銀玖兩內奉文撥補雲亭驛缺額馬價銀陸兩餘銀叁兩改解戶部

本縣吹鼓手拾陸名每名銀陸兩共銀玖拾陸兩遇
閏加銀伍兩此項先裁陸名銀叁拾陸兩奉
文撥補雲亭驛缺額馬價銀兩
江寧鎮弓兵肆名每名銀柒兩貳錢共銀貳拾捌兩
捌錢遇閏加銀壹兩貳錢此項原編弓兵拾名每
名銀陸兩共銀陸拾兩
於順治玖年訂正全書本縣酌留肆名每名銀柒
兩貳錢共銀貳拾捌兩捌錢餘銀叁拾壹兩貳錢
奉文撥補雲亭驛缺額馬價又奉
文裁銀壹拾肆兩肆錢改解戶部
江淮巡檢司弓兵捌名內　操院取用哨手貳名每
名銀拾兩捌錢共銀貳拾壹兩陸錢水脚銀壹錢
捌釐在司弓兵陸名每名銀柒兩貳錢共銀肆拾

叁兩貳錢遇閏加銀叁兩陸錢此項原額弓兵壹拾伍名内　操院
取用哨手貳名每名銀壹拾兩捌錢共銀貳拾壹
兩陸錢水脚銀壹錢捌釐在司弓兵拾叁名每名
銀柒兩貳錢共銀玖拾叁兩陸錢於順治玖年訂
正全書本縣酌留陸名共銀肆拾叁兩貳錢餘銀
伍拾兩肆錢奉文撥補雲亭驛缺額馬價
今奉文裁銀貳拾壹兩陸錢改解戶部

江東巡檢司弓兵捌名内　操院取用哨手肆名每
名銀拾兩捌錢共銀肆拾叁兩貳錢水脚銀貳錢
壹分陸釐在司弓兵肆名每名銀柒兩貳錢共銀
貳拾捌兩捌錢遇閏加銀肆兩捌錢此項原額弓兵拾名内
操院取用哨手肆名共銀肆拾叁兩貳錢水脚銀
貳錢壹分陸釐在司弓兵陸名共銀肆拾叁兩貳

錢於順治玖年訂正全書本縣酌留肆名共銀貳拾捌兩捌錢餘銀拾肆兩肆錢奉文撥補雲亭驛缺額馬價今又奉文議裁銀壹拾肆兩肆錢解部

本縣孤貧玖拾名每名給柴布銀壹兩共銀玖拾兩此項奉文全裁解部充餉

武場供應銀貳拾兩今奉文裁銀壹拾兩改解戶部

學院考試武生供應銀壹拾兩今奉文裁銀伍兩改解戶部

安慶府倉折色正米貳百肆拾壹石柒升每石折銀伍錢柒分伍釐共銀捌拾壹兩壹錢壹分伍釐貳毫伍絲火耗銀捌錢壹分壹釐壹毫伍絲貳忽伍

微此項該前巡撫部院周　撥補雲亭驛馬價今
准總漕部院　題歸漕項仍給官丁行月貳糧

本府抄案農民銀壹拾柒兩柒錢捌分叁釐叁毫此項
於順治玖年訂正全書議裁解部續
奉文撥補雲亭驛缺額馬價銀兩

本縣公用由票紙張銀貳拾柒兩此項於順治玖年訂正全書酌留銀
拾伍兩刊刷由单紙張頒布小民議裁銀拾貳兩
奉文抵奏　撫院冊房抄案吏紙張工食之用今
奉　部駁全書簽開撫院已有額定經費何得又
留銀壹拾貳兩以作抄案吏紙張工食之用應裁
解
部

本府常平倉斗級叁名共銀貳拾壹兩陸錢此項於順治玖
年訂正全書議裁解部續
奉文撥補雲亭驛馬價

本府鹽糧銀肆百貳拾貳兩貳錢捌分此項於順治玖年訂正全書議裁解部續奉文撥補雲亭驛馬價

本府撥剩銀壹百肆拾肆兩玖錢壹分壹釐肆絲捌忽柒微陸纖肆沙捌塵陸渺貳漠此項原解本府支銷今奉部駁全書發開各府已有額定經費何得又留撥剩銀兩應裁解部充餉

本縣備用銀壹百兩此項於順治玖年訂正全書議裁銀伍拾兩解部續奉文撥補雲亭驛馬價今奉文裁銀伍拾兩解部充餉

本縣供應過往上司下程小飯中火等銀貳百叁拾陸兩貳錢此項於順治玖年該前巡撫部院訂正全書議裁銀壹百壹拾捌兩壹錢續撥

補雲亭驛

缺額馬價

雲亭驛夫馬銀壹拾兩於順治玖年訂正全書議裁續奉文仍留本驛缺額站銀

修城夫料銀叁百兩解費銀陸兩此項原解本府貯庫動支修理馴象等城門磚料夫價支用今仍解本府聽候

督撫二部院動支修理本府各處城垣年終造冊報銷

以上存縣支給自文廟等壇祭祀銀起至修城夫料銀止共計肆拾叁款共銀叁千柒百伍拾肆兩

捌錢柒分貳釐玖絲叁忽叁微柒纖壹沙壹塵陸渺貳漠內於順治拾叁年玖月准部議裁府縣應朝鄉飲桃符考校科舉生員糧膳孤貧柴布弓兵工食等項共銀伍百貳拾伍兩壹錢叁分叁釐貳毫叁絲又裁夫馬貳項銀貳百貳拾捌兩又准部駁全書應裁本府撥剩并本縣由票銀壹百伍拾陸兩玖錢壹分壹釐肆絲捌忽柒微陸纖肆沙捌塵陸渺貳漠以上叁項共裁銀玖百壹拾兩肆分肆釐貳毫柒絲捌忽柒微陸纖肆沙捌塵陸渺貳

漢附役裁省數內改解户部外又該前巡撫部院

周　咨明　北部撥補雲龍貳驛馬價銀捌百壹

拾肆兩玖錢陸分叁釐叁毫已入前項驛站款內

餘銀壹拾兩貳錢改解

户部

實存支給銀貳千拾玖兩陸錢陸分肆釐伍毫壹絲

肆忽陸微陸沙叁塵遇閏加銀捌拾伍兩伍錢肆分

玖釐玖毫捌絲

本縣解布政司轉解户部裁剩舊編各衙門俸薪工食等

項銀數

撫院項下應裁冊房寫本吏弁經費餘剩銀捌拾貳兩陸錢肆分水脚解費銀肆錢壹釐肆毫肆絲

按院項下應裁監生廩糧副本等銀肆拾叁兩貳錢

水脚解費銀壹兩肆釐捌毫

知府員下應裁銀壹拾捌兩肆錢貳分肆釐

同知員下應裁銀叁百玖拾叁兩叁錢玖分貳釐陸毫伍絲

通判員下應裁銀捌百伍拾玖兩貳錢

推官員下應裁薪銀壹拾捌兩肆錢玖分

照磨員下應裁銀壹兩貳錢

經歷員下應裁薪銀捌兩貳錢貳釐

知縣員下應裁銀貳百伍拾壹兩陸錢玖分

縣丞員下應裁銀壹拾陸兩陸錢貳釐

典史員下應裁銀捌兩肆錢

文廟朔望行香并察院門子共裁銀拾兩貳錢

府縣應朝應裁銀叁拾肆兩陸錢陸分陸釐陸毫

府縣儒學應裁廩生廩糧膳夫銀貳百貳拾兩

考較科場修理棚廠花紅工食等銀伍拾陸兩壹錢

陸分陸釐陸毫叁絲

鄉飲酒席銀捌兩

桃符銀壹兩伍錢

各巡檢司弓兵銀陸拾肆兩捌錢

走遞夫皂銀壹百捌兩

走遞馬銀壹百貳拾兩

本縣備用銀伍拾兩

本縣孤貧柴布銀玖拾兩

本府撥剩銀壹百肆拾肆兩玖錢壹分壹釐肆絲捌

忽柒微陸纖肆沙捌塵陸渺貳漠

本縣官票紙張銀拾貳兩

本縣通共總裁銀貳千陸貳拾叁兩玖分壹釐壹

毫陸絲捌忽柒微陸纖肆沙捌塵陸渺貳漠

外不在田畝人丁額徵款項

工部項下

工部班匠輪班人匠陸拾玖名每名銀肆錢伍分共

銀叁拾壹兩伍分此項於順治貳年准部文免派於順治拾伍年陸月內奉
旨照舊徵解工部

學田

本縣學田伍頃肆拾捌畝壹分玖釐共徵租銀壹百伍拾壹兩叁錢壹分貳釐查此項照舊催徵聽候學院項下支取刊刷考卷及賑濟本縣貧生之用